Mode Geschichten

Die Damenwelt des 19. Jahrhunderts

SONJA DUSKA

Mode Geschichten

Die Damenwelt des 19. Jahrhunderts

mitteldeutscher verlag

Inhalt

Vorwort

Betrachtet man die Mode im Verlauf des 19. Jahrhunderts, so wird recht schnell deutlich, dass sie vor allem von einem unablässig rascher werdenden Wandel gekennzeichnet ist. Die Industrielle Revolution und der Kolonialismus sorgen ständig für mehr Innovationen, neue Absatzmärkte, zahlreiche Importe und dafür, dass die Mode sich immer schneller verändert. Im Großen und Ganzen kann das Jahrhundert modisch in fünf Epochen eingeteilt werden: Auf Empire und Biedermeier folgt die Viktorianische Ära – modisch in Krinoline und Tornüre zu unterteilen – und schließlich die Belle Epoque. Und selbst innerhalb dieser Epochen gibt es kleinere oder größere Veränderungen, die die Zeitabschnitte abermals unterteilen.

Aber warum verändert sich Mode? Was sorgt dafür, dass sich bestimmte Stile durchsetzen und warum werden diese fünf Jahre später bereits wieder über den Haufen geworfen? Diese kleine Modegeschichte soll einen Überblick darüber verschaffen, wie sich die Damenwelt im Laufe des 19. Jahrhunderts gekleidet hat, welche politischen und gesellschaftlichen Ereignisse für einen Wandel in der Modewelt sorgten und zu guter

Letzt was gebraucht wird, um historische Kleidung heute nachzuschneidern. Neben einem Grundwissen über die einzelnen Epochen ist daher im letzen Kapitel ein Ausflug in die allgemeine Nähkunde angefügt. Hierbei handelt es sich um Grundlagen, die aus dem interessierten Leser über Nacht sicher keinen Meisterschneider machen können; vielmehr sollen sie ihm einen Einstieg in das Hobby der Kostümschneiderei erleichtern.

Das gilt ebenso für die historischen Informationen, die im ersten Teil des Buches dargestellt werden. Diese bilden eher einen Überblick, eine Zusammenfassung der Merkmale und Aspekte einer bestimmten Epoche, die ein Kleid eindeutig als ein Kleid ebendieser Epoche identifizieren. Für weitere Informationen eine spezielle Epoche betreffend, sind im Anhang einige Literaturvorschläge angegeben, die ebenfalls als Grundlage dieser Arbeit dienten.

Dieses Buch soll nicht erklären, wie man ein Kleid von 1823 näht. Es soll eine Übersicht darüber verschaffen, wie sich die Mode im 19. Jahrhundert entwickelt hat. Welche unterschiedlichen Kleidformen gab es wann und warum? Was für Farben und Materialien wurden genutzt – ja, was für Materialien gab und gibt es überhaupt? Welche kann ich heute benutzen, um die Kleider nachzunähen? Was brauche ich außer dem Schnittmuster und Stoffen noch, um ein historisches Kleid möglichst akkurat nachzuschneidern? Kurz gesagt – welche Informationen und Zutaten brauche ich, um in das Hobby der Kostümschneiderei einzusteigen?

Empire

Das 19. Jahrhundert beginnt mit der Epoche des Empire und setzt damit gleich einen großen Kontrast zum Ende des vergangenen Jahrhunderts, der Mode des Rokoko. Die großen, schillernden und pompösen Kleider der 1770er-Jahre fallen der Französischen Revolution zum Opfer. Frankreich ist im 18. Jahrhundert und auch zu Beginn des 19. Jahrhunderts Führer in Sachen Mode. Im Rokoko orientiert sich die europäische Modewelt am französischen Hof. Als der Absolutismus dann zu bröckeln beginnt, ändert sich auch die Modewelt. Das Directoire ist eine relativ kurze Phase ab etwa 1790, die optisch das Empire einleitet. Im Rokoko werden die Röcke von breiten Poschen oder Paniers (reifrockartige Unterbauten) gestützt, bunte Farben und geradezu absurd aufgetürmte Perücken zeichnen das Bild der Epoche. All das fällt mit der „Chemise à la reine" weg. Eine „Chemise" ist ein Unterhemd. Meist aus weißem Leinen gefertigt und sehr schlicht, wird es eigentlich unter der Kleidung getragen. Die „Chemise à la reine" ähnelt diesem Kleidungsstück sehr. Zwar handelt es sich hierbei um Oberbekleidung, aber das Kleid ist weiß, schlicht und hat keine Rockunterbauten mehr. Aus diesem neuen Ideal, dem Anspruch an Kleidung, schlicht und natürlich zu sein, geht die Mode des Empire hervor.

Das Empire orientiert sich hierbei stark an der griechischen Antike.

Die Kleider sind sehr hell, meist sogar nur weiß und aus hauchzarten Stoffen gefertigt, die teilweise sogar durchsichtig sind. Zudem rutscht die Taillenlinie nach oben. Sie sitzt nun direkt unter der Brust. Die Röcke fallen von hier sanft und fließend herunter. Rockunterbauten und Korsetts werden nicht mehr gebraucht.

Das 19. Jahrhundert beginnt mit einer Epoche, deren Schlichtheit und Freizügigkeit den ganzen Rest des Jahrhunderts über nicht wieder erreicht wird. So viel Freiheit in der Kleidung erlebt die Damenwelt erst mehr als hundert Jahre später aufs Neue.

Das Empire beginnt und endet mit Napoleon. Der Modestil nimmt 1804 mit der Krönung Napoleons richtig Fahrt auf und endet circa 1815 mit der Verbannung Napoleons. Der Übergang in die nächste Epoche ist hierbei fließend. Betrachtet man erhaltene Originale, so sehen das Frühbiedermeier und die Empiremode sich doch recht ähnlich. Wann genau hier zwischen 1810 und 1820 der modische Schnitt gesetzt werden kann, ist eigentlich nicht wirklich festzulegen. Aber der fließende Übergang in der Mode spiegelt auch das Ende der napoleonischen Regentschaft wieder, denn Napoleon ging keinesfalls widerstandslos.

1800-1815

Die Mode des Empires zeichnet sich durch Schlichtheit und eine Rückkehr zum Natürlichen aus. Gemeint ist hiermit, dass die weibliche Silhouette nicht mehr – wie zuvor im Rokoko – durch Rockunterbauten und Perücken verändert werden soll. Enge, fließende Kleider erfordern fast gar keine Unterstützung mehr. Das Empire ist daher die „leichteste" Epoche des 19. Jahrhunderts. Um die charakteristische Silhouette zu erzeugen, benötigt es nur wenige Schichten an Kleidung.

Das Empire orientiert sich weiterhin an der griechischen Antike bzw. am Bild der griechischen Antike. Frisuren und der weiche Fall der Kleidung werden vor allem an antiken Statuen abgeschaut, weißen Marmorstatuen. Auch die bevorzugten hellen Farben wie Weiß, Cremetöne oder Pastellschattierungen stammen von diesen Marmorstatuen. Heute weiß man, dass diese Statuen in der Antike keineswegs weiß waren. Sie waren bunt bemalt, die Farbe allerdings ging über all die Zeit verloren und so entstand im Empire der Eindruck, die Antike sei sehr hell und schlicht gewesen.

1 Das Unterhemd wird als **Chemise** bezeichnet. Sie dient dazu, das Oberkleid vor Schweiß zu schützen, da dieses oft aus nicht waschbaren Materialien gefertigt ist.

2 Das Empire ist die einzige Epoche des 19. Jahrhunderts, die kein Korsett voraussetzt. Das **Kurzmieder** hat bloß einen „Push-Up-Effekt" und ähnelt eher einem mordernen BH als einem Korsett. Alternativ werden natürlich auch Korsetts getragen – diese müssen für den Modestil des Empires aber nicht geschnürt werden, sondern haben die alleinige Funktion, die Brust anzuheben.

Ein **Unterrock oder Unterkleid** – meist aus schlichter weißer Baumwolle oder Leinen – verhindert, dass man durch das dünne Oberkleid sehen kann.

Das **Kleid** mit charakteristischer hoher Taillenlinie ist aus sehr dünnem, oft durchsichtigem Stoff gefertigt.

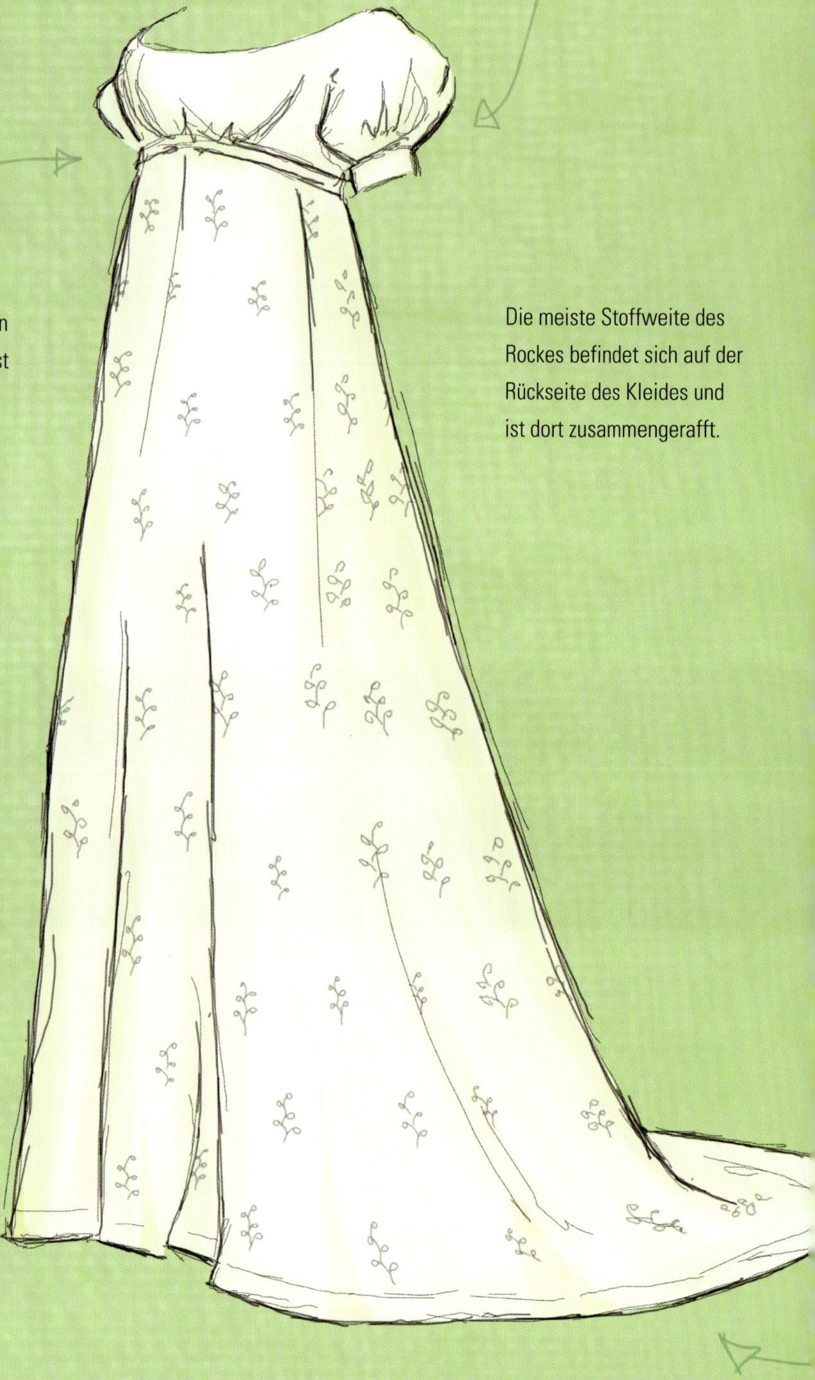
Das Dekolleté ist sehr weit.
Die Ärmellänge variiert zwischen kurzen Puffärmeln und langen Ärmeln.
Die Taillenlinie liegt direkt unter der Brust bzw. eigentlich sogar ein Stück höher, da die Brust durch das Kurzmieder hochgedrückt wird.
Die meiste Stoffweite des Rockes befindet sich auf der Rückseite des Kleides und ist dort zusammengerafft.
Vorn ist der Rock sehr flach.

ACCESSOIRES

Da die Kleider nicht selten aus hauchdünnen Geweben gefertigt sind, weite Ausschnitte und oft kurze Ärmel haben, werden indische Kaschmirschals zu einem beliebten Accessoire. Napoelon soll sie nach 1799 von seinem Ägyptenfeldzug mit nach Europa gebracht haben.

Zum Empirekleid werden **flache Schuhe** getragen. Schlichte Slipper, die heutigen Ballerinas nicht unähnlich sind, lösen die Absatzschuhe des Rokoko ab. Alternativ werden auch Stiefeletten getragen – aber stets ohne Absatz.

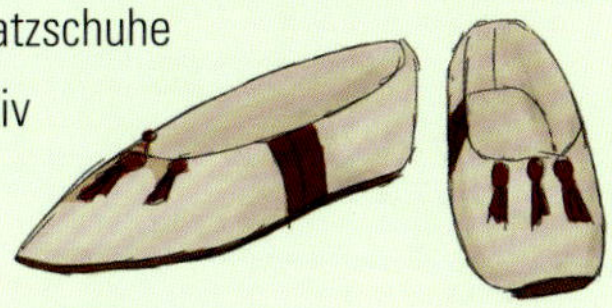

Die **Empire-Schute** ist meist aus Stroh gefertigt und mit Bändern, Blüten und anderen Dingen verziert. Das Material verkörpert einmal mehr den Anspruch an die Mode, „natürlich" zu wirken.

Im Rokoko benötigen die Frauen keine Handtaschen. Alles, was man eventuell mit sich nehmen wollte, kann in den Poschen (reifrockartige Gestelle unter dem Rock) unter dem Kleid verstaut werden. Durch Taschenschlitze im Rock kann man die Taschen einfach erreichen. Doch die feinen engen Empirekleider bieten keinen Platz mehr für innere Taschen. Daher wird im Empire das **Réticule**, ein kleiner Beutel, zum beliebten Accessoire.

Der Rock ist bodenlang, teilweise sogar mit Schleppe.

Die Alltagsmode des Empire wird meist aus dünnen Baumwollgeweben hergestellt, die den Körper umspielen sollen. Für die Produktion dieser Stoffe ist im frühen 19. Jahrhundert maßgeblich England verantwortlich. Durch die Konkurrenz der beliebten Baumwollstoffe, die dem Modestil so gut entgegenkommen, stürzt die französische Seidenproduktion in die Krise. Napoelon versucht daraufhin die Wirtschaft zu schützen, indem er den englischen Produkten starke Zölle auferlegt und sogar verbietet, englischen Musselin zu tragen. Auf die Alltagsmode hat das keine großen Auswirkungen. Als er sich 1804 selbst zum Kaiser krönt, erlässt er allerdings eine Verordnung, nach der bei förmlichen Anlässen Kleider aus Seide zu tragen seien.

Dies führt vor allem am Hof zu einem Modestil, der der Alltagsmode gänzlich widerspricht. Statt dünnen, zarten, schlichten Kleidern besteht das „Manteau de cour", die „Courschleppe", meist aus schwerem Samt, ist reich bestickt und verziert und soll so die Extravaganz und Autorität Frankreichs widerspiegeln.

PELISSE & SPENZER

Die leichten und dünnen Tageskleider des Empire orientieren sich stark an der Antike. Feine Stoffe wie Musselin oder Gaze umspielen den Körper und erwecken den Eindruck, als sei das Kleid nicht geschnitten, sondern einfach nur lose drapiert.
Allerdings haben diese feinen Stoffe einen entscheidenden Nachteil: Sie sind für den europäischen Winter viel zu dünn. Daher entstehen neben den beliebten Kaschmirschals zwei weitere Kleidungsstücke, die den Körper wärmen sollen: die Pelisse oder auch Redingote und der Spenzer.

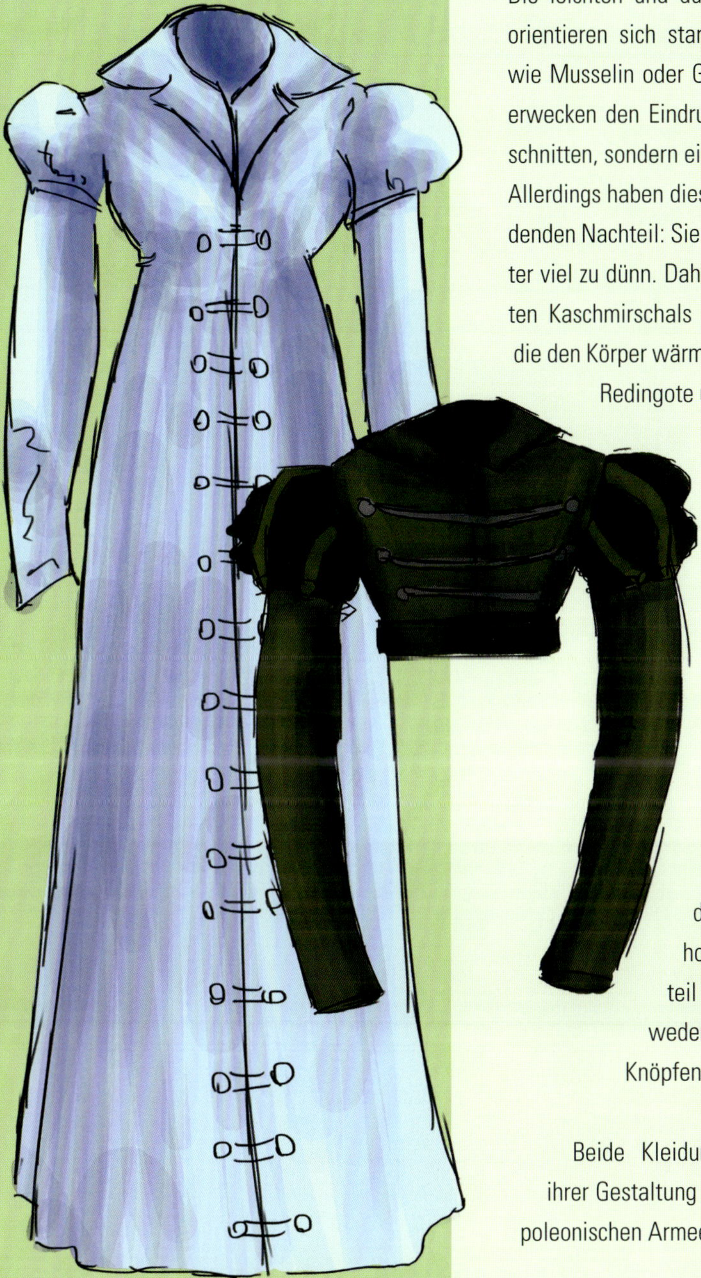

Erstere ist ein langer Mantel, der bis zum Boden reicht und in der vorderen Mitte auf ganzer Länge entweder mit Haken und Augen oder mit Knöpfen verschlossen wird.

Der Spenzer hingegen ist ein kurzes, langärmliges Bustier-Jäckchen. Er bedeckt lediglich die Arme und das durch die sehr hohe Taillenlinie sehr kurze Oberteil des Kleides. Auch er wird entweder mit Haken und Augen oder mit Knöpfen verschlossen.

Beide Kleidungsstücke orientieren sich in ihrer Gestaltung stark an den Uniformen der napoleonischen Armee.

Biedermeier

Mit dem Ende der Napoleonischen Ära und den Beschlüssen des Wiener Kongresses 1815 beginnt eine neue Epoche: die Epoche des Biedermeier. Der Begriff geht zurück auf Gottlieb Biedermaier. Der „Herr Biedermaier" ist allerdings keine echte Person. Es handelt sich hierbei um eine fiktive Figur, die 1855 geschaffen wird, um in Flugblättern und Zeitungen das spießbürgerliche Leben der vorangegangenen Epoche zu karikieren. Dementsprechend entsteht die Bezeichnung „Biedermeier" auch erst im Nachhinein. Die Epoche selbst bezeichnet die Zeit von 1815 bis 1848 – vom Wiener Kongress bis zur Märzrevolution. Ziel des Wiener Kongresses ist es, die durch die Kriege der letzten 20 Jahre zerrüttete Welt in einen Zustand von vor 1792, also vor der Französischen Revolution, zurückzuversetzen, die „alte Ordnung" wiederherzustellen.

Aus diesem Grund werden Beschlüsse gefasst, die liberales Gedankengut vernichten sollen.

In der Bevölkerung allerdings gibt es kaum Widerspruch gegen die Beschlüsse, die die Meinungsfreiheit in weiten Stücken beschneiden. Das liegt vor allem daran, dass der Grund für die Kriege zwischen 1792 und 1815 in der Französischen Revolution gesehen wird. Die macht die Herrschaft Napoleons immerhin erst möglich. Die Sicherheit und der Schutz durch eine Herrschaft von Österreich und Preußen ist nach all den Jahren Krieg eine willkommene Abwechslung. Die Bevölkerung, speziell das Bürgertum, zieht sich aus der Politik gänzlich zurück. Die Familie und das Private stehen nun an oberster Stelle. Der Mann ist das Oberhaupt der Familie, Frauen sind für den Haushalt verantwortlich und halten sich gänzlich aus dem öffentlichen Leben heraus. In wohlhabenden Familien kümmert sich Personal um den Haushalt. Zu den Beschäftigungen für die Frau gehören Handarbeiten und das Klavierspiel – Dinge, die man daheim machen kann. Im Biedermeier wird der Kindererziehung auch erstmals mehr Aufmerksamkeit geschenkt. Es entstehen Bücher zu dem Thema und es entwickelt sich eine Kindermode, die nicht bloß eine Miniversion der Erwachsenenkleidung ist. Das ideale Leben im Biedermeier ist ruhig und gemütlich. Es geht darum, das eigene Familienleben zu genießen und nicht etwa zu präsentieren, was man hat und was man sich leisten kann. Das Bürgertum bleibt für sich – Politik sollen andere machen. Das ändert sich erst 1848, denn vor allem unter Studenten verschwindet die Idee einer liberalen, demokratischen Welt nie wirklich.

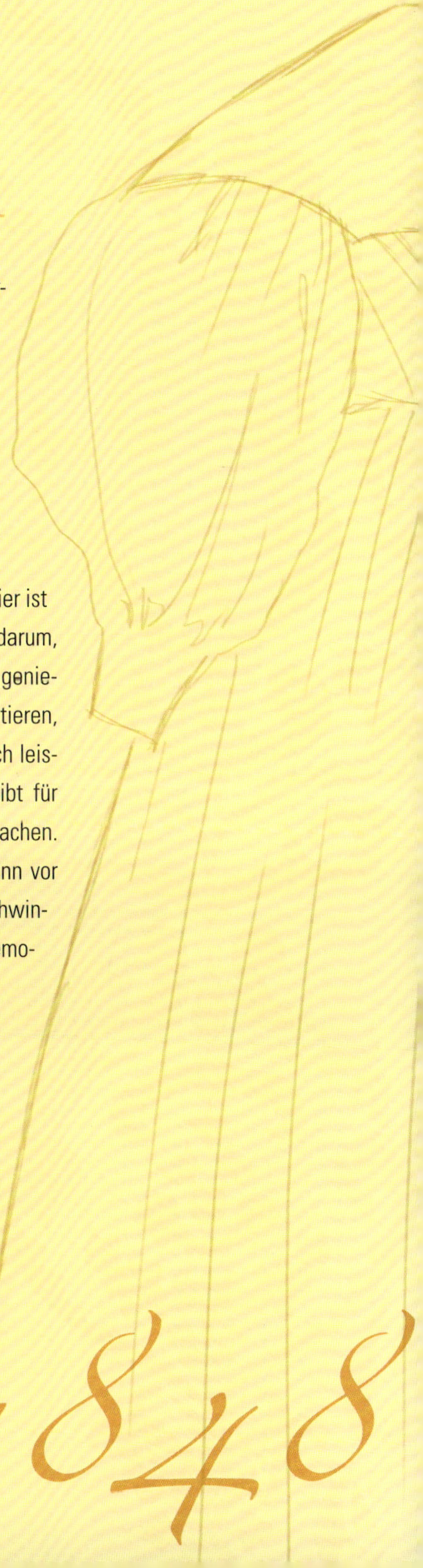

1815–1848

AUFBAU EINES KLEIDES

Das „typische" Biedermeierkleid gibt es so nicht. Die Epoche des Biedermeier umfasst drei völlig unterschiedliche Unterepochen, die es schwierig machen, ein typisches Kleid zu zeigen. Hier ist exemplarisch ein Kleid des Hochbiedermeier aus den 1830er-Jahren gezeigt.
Je nach Jahrzehnt kann dieser Aufbau variieren. Im Früh- und Spätbiedermeier beispielsweise gibt es keine Ärmelpolster, dafür werden z. B. im Spätbiedermeier mehrere Unterröcke getragen.

1 Die **Chemise** ist ein Unterhemd, das unter dem Kleid getragen wird, um selbiges vor Schweiß zu schützen.

2

›a zur neuen Mode wieder das Ideal-
ild einer schmalen Taille gehört und die
leidung außerdem durch viele Röcke
chwerer wird, kehrt das **Korsett** in die
Mode zurück. Es dient neben der Form-
ebung vor allem dazu, das Gewicht der
öcke auf den gesamten Oberkörper zu
erteilen.

3

Um den großen Keulenärmeln des Hochbiedermeier Stand zu verleihen, werden **Ärmelpolster** unter dem Kleid getragen.

4 Ein mit Rosshaar oder Kordeln versteifter **Schnurunterrock** bildet die Basis der vollen, weiten Rocksilhouette. Er ist der Vorläufer des Reifrocks der Krinolinenzeit.

5 Über dem Schnurunterrock werden **mehrere**, gestufte und/oder gerüschte **Unterröcke** getragen, die dem Kleid die nötige Fülle verleihen und dabei helfen, die Rocksilhouette zu weiten.

6 Das **Kleid** selbst wird in der Regel in einem Stück aus demselben Stoff gefertigt. Oberteil und Rock sind aneinandergenäht.

1815

FRÜHBIEDERMEIER

Das Frühbiedermeier ist die Übergangszeit vom Empire ins Biedermeier und weist daher noch viele Merkmale der vorangegangenen Epoche auf. Die Taillenlinie sitzt recht weit oben, rutscht nun aber langsam an ihre natürliche Position zurück. Röcke sind relativ eng und werden langsam weiter. Anders als im Empire sind allerdings die Ärmel von Tageskleidern nun immer lang und der Ausschnitt wird immer kleiner.

1830

1830

HOCHBIEDERMEIER

In den 1830er-Jahren des Jahrhunderts rutscht die Mode ins Extreme ab. Ärmel und Röcke werden immer weiter. Die sogenannten „Keulenärmel" nehmen gegen Ende des Jahrzehnts so große Ausmaße an, dass sie mit Polstern in Form gehalten werden müssen, die es der Trägerin unmöglich machen, die Arme zu senken. Auch werden jetzt die Röcke ein wenig kürzer und im Umfang immer weiter.

1840

1840

SPÄTBIEDERMEIER

Die 1840er-Mode ist gezeichnet vom Idealbild der Bescheidenheit. Es herrschen gesetzte, dunkle Farben wie Braun, auch Beige und abgedunkelte Nuancen von Blau oder Rot vor. Die Ärmel werden wieder schmaler und die Röcke länger und voller. Eine besonders volle, weite Rocksillhouette wird angestrebt. Die Taillenlinie liegt sehr tief – sogar etwas tiefer als es natürlich wäre. Das Oberteil ist sehr hoch geschlossen.

1850

Die Mode des Biedermeier mag auf den ersten Blick die Frage wecken, warum das alles eine Epoche ist. Die drei Strömungen sehen erst einmal völlig unterschiedlich aus, aber ihnen liegen dieselbe Idee und dieselben Werte zugrunde. Im Grunde ist die Biedermeiermode vor allem eins: eine Entwicklung weg vom Stil des Empire.

Das **Frühbiedermeier** sieht der Mode des Empire noch sehr ähnlich und diese Ähnlichkeit macht es schwierig, rein aus modischer Sicht irgendwo zwischen 1810 und 1820 einen Schnitt zu setzen. Die aus dem Chemisenkleid entstandene Empiremode war symbolisch für das Streben nach einem liberalen, demokratischen Europa. Mit dem Ende Napoleons, dem Wiener Kongress und dessen Ziel, die liberalen Ideen der Französischen Revolution zu vertreiben, geht auch eine Veränderung in der Mode einher. Die Taille rutscht allmählich nach unten, die Röcke werden in einer leichten A-Linie unten ausgestellt. Die feinen, farblosen Stoffe verschwinden und die Farben kehren in die Mode zurück. Die Mode soll vor allem eins sein: anders als vorher. So wird aus der ersten Phase des Biedermeier, der Übergangszeit, schließlich das Hochbiedermeier, das mit weiten, ausgestellten Röcken und großen Ärmeln unterschiedlicher nicht sein könnte.

Das Dekolleté wird kleiner. Tageskleider haben einen relativ kleinen Ausschnitt.

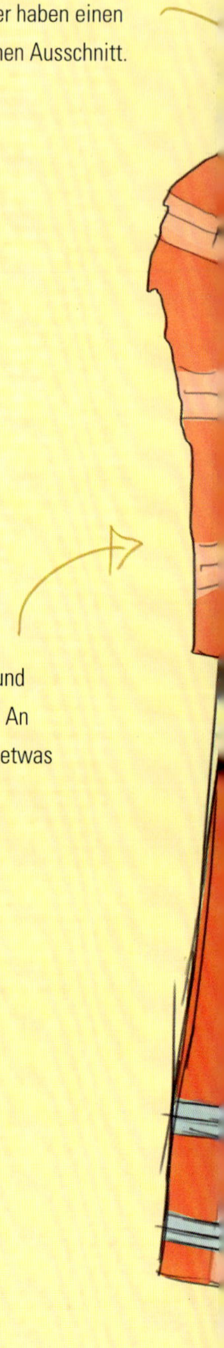

Die Ärmel sind lang und unten eng anliegend. An der Schulter sind sie etwas weiter und gerafft.

Kleider werden meist hinten verschlossen.

Die Taillenlinie rutscht im Laufe der Epoche langsam wieder nach unten an ihre natürliche Position.

Der relativ enge Rock ist vorne recht glatt. Die Weite ist auf der Rückseite zusammengerafft.

Der Rock reicht bis zu den Füßen und ist unten oft mit Rüschen, Falten oder Bändern verziert. Dieses Gewicht macht den Rocksaum recht schwer und steif.

GROSS, GRÖSSER, AM GRÖSSTEN

Im **Hochbiedermeier** rutscht die Mode ins Extreme ab. Die Trends, die schon im Frühbiedermeier beginnen, werden bis ins Absurde übertrieben. Dies ist am ehesten an den Ärmeln zu erkennen. Im Laufe der 1830er-Jahre werden die sogenannten „Gigot-" oder „Keulenärmel" immer weiter und größer – so groß, dass sie sogar mit Polstern in Form gehalten werden müssen.
Außerdem werden die Röcke immer weiter und voller. Mehrere, teilweise mit Rosshaar oder Kordeln versteifte Unterröcke bauschen die Silhouette auf.
Große Ärmel und ein weiter Rock haben eine gemeinsame Funktion: die Taille schmaler aussehen lassen. Die großen Keulenärmel lassen die Schulterpartie breiter erscheinen. Viele Röcke und eine weite Silhouette erwecken den Eindruck breiterer Hüften. Je breiter des Kleid oberhalb (Ärmel) und unterhalb (Röcke) der Taillenlinie ist, desto schmaler scheint diese. Große Ärmel und weite Röcke sind ein optischer Trick, der das Idealbild einer schmalen Taille unterstützt.

Kleider werden meist hinten verschlossen.

Ein Schultertuch, das über die großen Ärmelkeulen hinaus reicht, betont die weite, steile Nackenlinie.

In den 1830ern erreichen die Ärmel gigantische Ausmaße. Die sogenannten „Keulenärmel" werden mit Ärmelpolstern in Form gehalten.

Die Taillenlinie rutscht immer weiter nach unten, zurück an ihre natürliche Position.

Stoffe sind oft mit Mustern bedruckt. Beliebt sind Karos, Streifen oder florale Muster.

DIE „IDEALE FRAU" IM SPÄTBIEDERMEIER

Die Mode im letzten Jahrzeht des Biedermeier ist gezeichnet vom Idealbild der bescheidenen Hausfrau. Nach der extravaganten, extremen Epoche des Hochbiedermeier folgt eine Mode, die gegensätzlicher nicht sein könnte. Mit einem Schlag scheinen alle Farben aus der Kleidung zu verschwinden. Es herrschen dunkle, ungesättigte Farben wie Braun, Beige, Olivgrün oder abgedunkelte Nuancen anderer Farben vor. Helle Farben sind nur für junge Mädchen „erlaubt". Die Stoffe sind oft mit feinen, symmetrischen Mustern bedruckt wie beispielsweise kleinen Blumen, Karos, Punkten oder anderen geometrischen Formen.

Auch wird der Rock, der im letzten Jahrzehnt noch kürzer wurde, nun wieder länger, bodenlang. Die Röcke werden außerdem voller – mehr Stoff wird verbraucht und eine weite Rocksilhouette angestrebt. Diese wird durch das Tragen mehrerer Unterröcke übereinander erreicht. Eine Praxis, die die Bewegungsfreiheit der Trägerin sehr einschränkt. Die vielen Röcke sind schwer und machen es quasi unmöglich, viel zu laufen. Aber das wird von einer Frau auch gar nicht erwartet – im Gegenteil. Die ideale Frau des **Spätbiedermeier** bleibt zu Hause und überlässt ihrem Mann den Auftritt in der Öffentlichkeit. Die ideale (reiche) Ehefrau hat keine Aufgaben zu erledigen und verbringt ihre Zeit daheim mit Handarbeiten oder ähnlichen Aktivitäten, die keine großartige Bewegung erfordern.

Senkrechte Falten in V-Form strecken das Oberteil des Kleides und erwecken den Eindruck einer vollen Brust über einer schmalen Taille.

Kleider werden meist vorne mit Knöpfen verschlossen.

Die Rocksilhouette wird durch mehrere Unterröcke immer voller.

Die Schulternaht sitzt unterhalb des natürlichen Schulterpunktes, um die Nackenlinie optisch zu strecken.

Die Ärmel sind wieder eng, abgesehen von ggf. kleinen Ausbeulungen am Ellenbogen oder an der Schulter.

Die Taillenlinie sitzt nun sehr tief. V-förmige Applikationen am Oberteil unterstreichen das.

Der Rock ist bodenlang.

HÜTE

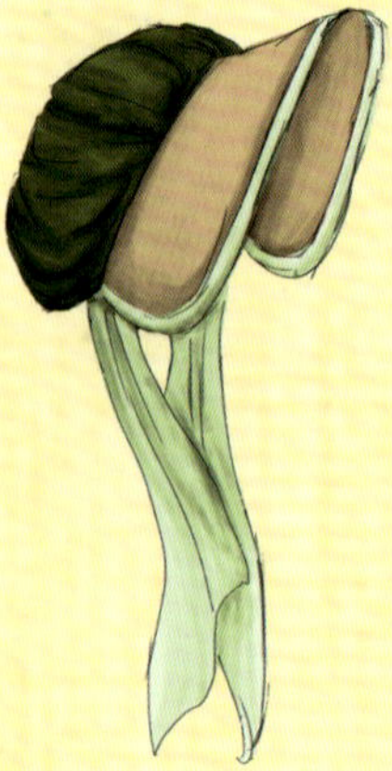

Die Kopfbedeckung ist ein fester Bestandteil der Alltagsmode. Schon im Empire war die sogenannte „Schute“ ein unabdingbares Accessoire. Die Schute, welche über ein halbes Jahrhundert die Köpfe der Damenwelt zierte, durchwanderte vor allem im Biedermeier deutlich unterschiedliche Phasen – auch wenn die Hutform immer als Schute bezeichnet wird. Dabei erfolgt jede Veränderung des Hutes parrallel zur Veränderung der Mode an sich.

Im Empire und Frühbiedermeier wurden die meisten Schuten aus Stroh gefertigt. Einerseits kommen gänzlich aus Stroh geflochtene Hutrohlinge vor, die dann mit Blumen und Bändern besetzt werden. Auf der anderen Seite stehen mützen- bzw. haubenartige Hüte mit Strohkrempe.

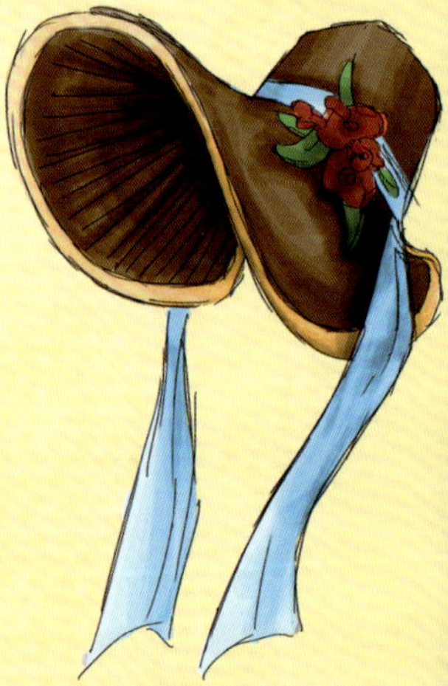

Im Hochbiedermeier verändert sich die Form des Hutes drastisch. Die Krempe wird immer größer, weiter und biegt sich nach außen. Ebenso wie die Ärmel der zugehörigen Kleider werden die Hüte immer größer und extravaganter. Die Form ist allerdings nicht der einzige Unterschied. Sie werden nun außerdem zunehmend aus versteiftem Leinen, sogenanntem „Buckram“ gefertigt, der dann mit Stoff überzogen wird. Hüte werden weiterhin mit allerlei Blumen, Bändern, Schleifen und Ähnlichem verziert – reichhaltiger als je zuvor.

Im Spätbiedermeier schrumpft die Hutkrempe wieder. Allerdings nur in ihren Ausmaßen zu den Seiten. Nach vorne wird der Hut bisweilen sogar noch länger. So nimmt die Schute eine Form an, die es unmöglich macht, das Gesicht der Trägerin zu sehen, wenn man nicht direkt vor ihr steht. Ein Umstand, der das Frauenbild der Zeit unterstützt. Eine Frau hat sich nicht in der Öffentlichkeit zu präsentieren und behält ihre Gedanken und Emotionen für sich. Der Hut soll so die Privatsphäre der Frau schützen.

ABENDMODE

Im Biedermeier steht das zurückgezogene Familienleben im Vordergrund. Das Bürgertum hält sich aus der Politik heraus und bleibt im Großen und Ganzen für sich. Allerdings gehören Abendgesellschaften in Form von Tanzbällen trotzdem zum Programm.

Die Ballgarderobe unterscheidet sich vor allem dadurch vom Tageskleid, dass sie deutlich freizügiger ist. Die Ausschnitte werden weiter, die Ärmel kürzer. Viele Ballkleider haben einen Ausschnitt von Schulter bis Schulter, der die lange Nackenlinie betonen soll, sowie V-förmige Applikationen, die ebenfalls von Schulter bis Schulter reichen. Dieses Zicrclc ment wird als „Berthe" bezeichnet.

Krinoline

Auf die Epoche des Biedermeier folgt die Krinolinenmode. Betrachtet man die Gesellschaft, so müssen Krinoline und Tournüre – die Epoche danach – eigentlich zusammengefasst werden. Beide sind Teil der Viktorianischen Ära, die streng genommen sogar von 1837 bis 1901 andauert.

Das Jahr 1850 markiert den Beginn der Industriellen Revolution in Europa und diese ist ausschlaggebend für die Entwicklung der „neuen Mode". Das Wort Krinoline bezeichnet heute ein Kleid der frühen Viktorianischen Ära zwischen 1850 und 1870. Eigentlich steht der Begriff aber nur für einen Teil der Kleidung: den Reifrock. Das Idealbild eines weiten Rockes blieb auch in der Krinolinenzeit bestehen, insofern ist das „Ziel" der Mode von 1850 immer noch dasselbe wie 1840. Allerdings ermöglicht die Industrielle Revolution Fortschritte in der Stahlproduktion und somit die Erfindung eines mit Federstahlreifen gefüllten Unterrockes – der Krinoline. Die Epoche der Krinoline ist vom Fortschritt und vom Britischen Empire geprägt. Weitere Absatzmärkte durch Kolonien und technischer Fortschritt führen zwischen 1850 und 1870 zum wirtschaftlichen Aufschwung. Neben der Stahlproduktion entstehen neue Möglichkeiten zur Anfertigung von Stoffen und synthetische Farbstoffe werden entdeckt. Die Krinolinenmode wirkt daher auf einmal wesentlich bunter als die vorangegangene Epoche des Spätbiedermeier. 1860 heben England und Frankreich alle Zölle auf; bald zieht der Rest Europas nach. Der Freihandel trägt stark zur Hochkonjunktur bis 1870 bei und die Bevölkerung hat nun wieder ein Interesse an der Politik. In England wird allmählich das Wahlrecht eingeführt. Auch auf dem Weg zur liberalen Welt ist Großbritannien ein Vorreiter.

Die Damenmode orientiert sich an Queen Victoria. Sie gibt vor, was zu tragen ist. Wie wir heute Trends bei den Stars unserer Zeit abschauen, schaut die damalige Bevölkerung auf die Queen. Natürlich trägt die Unterschicht bei der Arbeit keine Krinolinen, doch die Mittelschicht beginnt in der Viktorianischen Ära zu wachsen. Und außerdem gibt es für Frauen in der viktorianischen Zeit nur einen Beruf: den der Gouvernante. Einziges wirkliches Lebensziel einer Frau ist nach wie vor die Ehe. Die ideale Ehefrau ist ein Vorbild an Bescheidenheit. Sie behält ihre Gedanken und Gefühle für sich. Die Mode spiegelt das wieder: Die Kleider der Viktorianischen Ära wirken auf ein modernes Auge sehr prüde. Ausschnitte gibt es nur auf Bällen, Röcke sind immer bodenlang und die Ärmel reichen bis zum Handgelenk. Die Kleider verstecken die weibliche Silhouette zudem durch immer weitere Röcke, die nun von der Krinoline getragen werden. Eine Krinoline ist daher, mag sie auch auf den ersten Blick wesentlich sperriger und unpraktischer erscheinen, deutlich bequemer zu tragen als ein Kleid der 1840er-Jahre.

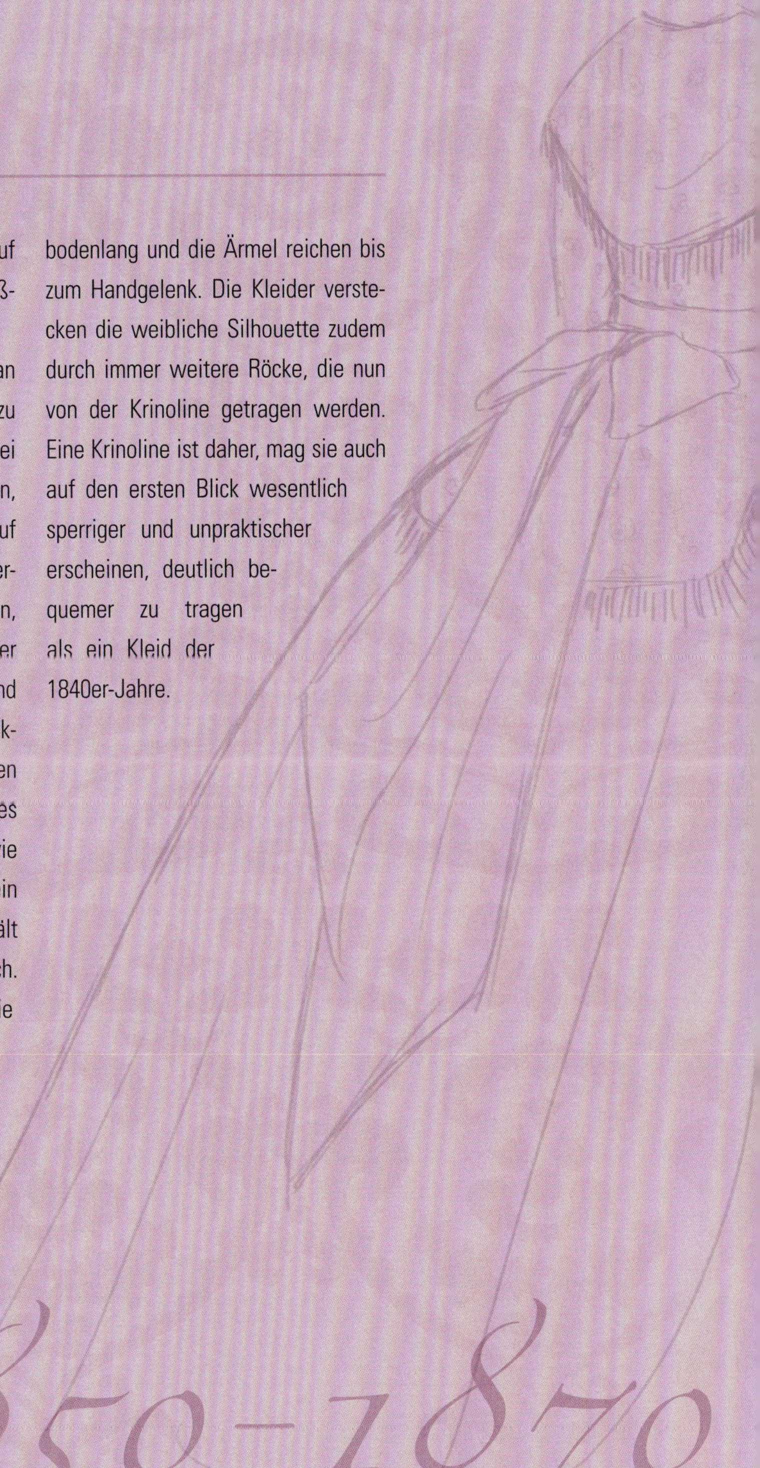

1850–1870

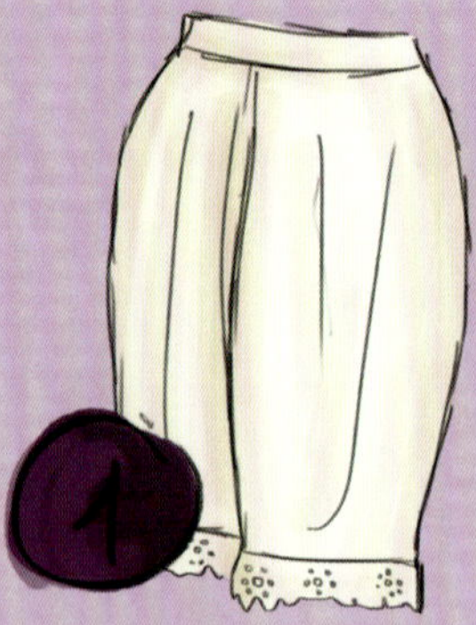

1 Viktorianische Damenunterhosen werden als **Unaussprechliche** bezeichnet.

2 Eine **Chemise** ist ein langes Unterhemd. Je nach Kleid, das darüber getragen wird, variieren der Ausschnitt und die Ärmellänge.

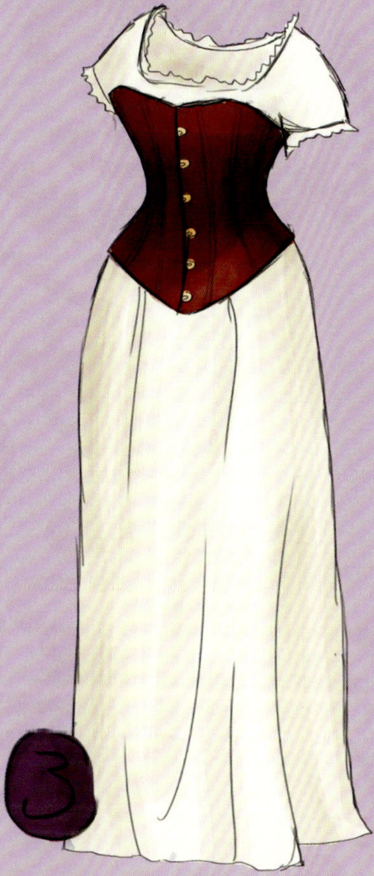

Ein **viktorianisches Sanduhrkorsett** formt und stabilisiert den Oberkörper. 3

Ein **Korsettschutz** schützt das Kleid vor dem versteiften Korsett und umgekehrt. 4

5 Die **Krinoline** ist das namengebende Kleidungsstück der Epoche. Es handelt sich hierbei um einen Reifrock. Mehrere Stahlreifen, die nach unten immer größer werden, sind entweder direkt in einen Rock genäht oder an vertikalen Bändern befestigt (Käfigkrinoline).

6 Ein **Unterrock** verhindert, dass sich die Reifen der Krinoline durchdrücken.

Der weite, voluminöse **Rock** ist unten oft verziert. 7

Krinolinenkleider bestehen – anders als noch die Biedermeiermode – in der Regel aus zwei Teilen, sind also streng genommen keine Kleider, sondern ein Ensemble aus Rock und Oberteil. Das Oberteil wird als **Taille** (engl. Bodice) bezeichnet und ist, genau wie das Korsett, versteift. 8

DIE KÄFIGKRINOLINE

Das Wort Krinoline ist recht irreführend. Zum einen beschreibt es heute den gesamten Modestil der Zeit zwischen 1850 und 1870. Eigentlich bezeichnet es aber bloß den Unterbau, der die charakteristische weite Rocksilhouette bewirkt. Eine Krinoline ist ein mit Stahlreifen gefüllter Reifrock.

Und hier liegt der zweite Punkt, der für Irritation sorgen kann. Das Wort Krinoline nämlich kommt vom französischen Wort „crin", was „Rosshaar" bedeutet. Ursprünglich bezeichnet die Krinoline also einen mit Pferdehaar verstärkten Unterrock, wie er im Biedermeier getragen wurde.

Die Krinoline nach heutigem Sinne wird auch erst 1856, also in der Mitte der Epoche, erfunden. Zuvor wurde die weite Rocksilhouette noch mit mehreren übereinander getragenen Unterröcken erreicht. Die neue Krinoline macht die Unterröcke überflüssig und gibt der Trägerin zudem mehr Bewegungsfreiheit. Sie ist leichter, schwingt bei Bewegungen mit und gibt nach, wenn man dagegen drückt.

Möglich wurde die Erfindung und Produktion der Krinoline durch die Entdeckung bzw. Erfindung von Federstahl: langen Stahlbändern, die sehr stabil, aber dennoch flexibel sind. Die Stahlbänder werden zu Reifen gelegt, die von oben nach unten immer größer werden. Die Stahlreifen, welche in Stofftunneln stecken, um den darüber liegenden Rock zu schützen, werden dann mit senkrechten Bändern an ihrer Position gehalten. Die Haltebänder wiederum werden in einem Taillenband zusammengefasst. So entsteht ein kuppelförmiger „Käfig" – die Käfigkrinoline.

Das Taillenband der Krinoline wird vorne mit einem Haken- und Augenverschluss geschlossen.

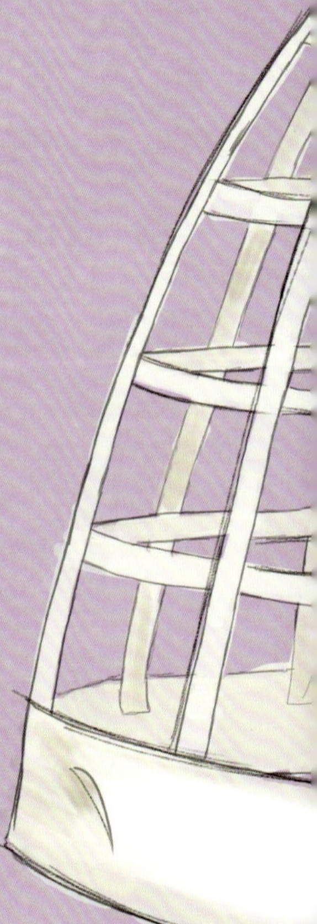

Die Stahlreifen stecken in Stofftunneln, um den darüber liegenden Rock zu schützen. Sie werden nach unten immer größer, um die gewünschte Silhouette zu erzeugen.

Senkrechte Haltebänder halten die Reifen an der richtigen Position.

Ein breites Band am Saum dient als Trittschutz.

Historische Korsetts sind in der Regel Halbbrustkorsetts, die bis zur Hälfte der Brust reichen.

Oben und unten sind die Kanten mit Schrägband versäubert: Stoffstreifen, die diagonal zum Fadenlauf geschnitten wurden und sich daher leicht um Kurven dehnen lassen.

Die Korsettschließe wird als „Planchet" bezeichnet. Sie besteht aus zwei Stahlstreifen. Einer ist mit Haken besetzt, die beim Schließen um kleine Noppen auf der anderen Seite greifen.

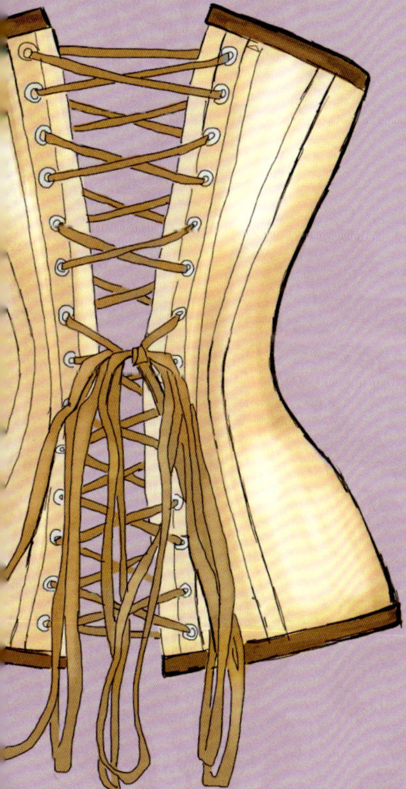

DAS VIKTORIANISCHE SANDUHRKORSETT

Das Korsett der Viktorianischen Ära ist – wie in fast allen Epochen des 19. Jahrhunderts – zentraler Bestandteil der Damenunterwäsche. Es dient dazu, den Körper einerseits in die als modisch erachtete Form zu bringen, doch Korsetts haben nicht nur einen modischen Zweck. Sie dienen außerdem und in erster Linie dazu, das Gewicht der Röcke auf den gesamten Oberkörper zu verteilen. Ein Kleid der Krinolinenmode besteht aus mindestens zwei Röcken, die jeweils gut vier Meter Stoff verschlucken, und der Krinoline selbst. All diese Lagen hängen an schmalen Stoffstreifen, die um die Taille geschnürt werden. Das versteifte Korsett verhindert, dass diese Taillenbänder unter all der Last in das Fleisch einschneiden.

Des Weiteren sorgt ein Korsett für eine gerade Haltung des Oberkörpers. Es ist schlichtweg unmöglich, in dem versteiften Kleidungsstuck längere Zeit krumm zu sitzen. Das bedeutet auch, dass ein Korsett es möglich macht, Oberteile (Taillen) so zu gestalten, dass sie jederzeit eng und faltenfrei am Körper anliegen.

Zu guter Letzt dient die Schnürung im Rücken eines Korsetts dazu, die Taillenweite zu reduzieren, denn eine schmale bzw. schmal wirkende Taille war ein modisches Ideal der Viktorianischen Ära.

Zwar tritt das Korsett als versteiftes Kleidungsstück nicht erst in der Viktorianischen Ära auf, doch das viktorianische Sanduhrkorsett beschreibt erstmals die Sanduhrform, die wir heute mit dem Begriff „Korsett“ verbinden. Es versucht hiermit, die natürliche Ideal-Silhouette des weiblichen Körpers aufzugreifen, um rückwirkend diese Form, diese Silhouette zu erzeugen.

Die Schulternaht sitzt unterhalb des natürlichen Schulterpunktes, um die Nackenlinie zu strecken.

Ein Band oder Gürtel betont die schmale Taille.

Der kuppelförmige, sehr weite Rock bildet ein optisches Gegengewicht zur schmalen Taille und lässt diese noch schmaler erscheinen.

Röcke sind meist mit Stickereien, Bändern und/oder Falten- bzw. Rüschenbahnen verziert. Oft am Rocksaum.

Die Ärmel sind oft sowohl an der Schulter als auch am Ärmelabschluss verziert. Die Verzierung an der Schulter betont die tiefe Schulternaht.

Tagestaillen werden in der vorderen Mitte mit Knöpfen verschlossen.

„Pagodenärmel" werden nach unten hin immer weiter. Damit man nicht in diese Ärmel hineingucken kann bzw. damit der Arm immernoch verdeckt ist, werden falsche Unterärmel darunter getragen. Dabei handelt es sich um eine Art „Armstulpen", die bis zum Ellenbogen reichen.

Die Röcke haben oft mehrere Stufen, um die kuppelförmige Silhouette zu betonen.

DIE ELLIPTISCHE KRINOLINE

1850

In den 1850er-Jahren hatte die Krinoline eine runde Form. Der Rock steht in alle Richtungen gleich weit vom Körper ab – nach vorne wie nach hinten und zu den Seiten. Die runde Form und die Tatsache, dass die Umfänge der Krinolinen immer weiter wachsen, machen die Kleidung schlichtweg unpraktisch. Es ist quasi unmöglich für zwei Frauen, nebeneinander durch eine Tür zu gehen oder irgendetwas vor sich problemlos zu er-

reichen, auch wenn der elastische Stahlkäfig der Krinoline nachgibt. Aus diesem Grund ändert sich die Silhouette der Krinoline um 1860. Der Rock verschiebt sich nach hinten. Betrachtet man das Kleid von oben, ist der Grundriss nicht mehr rund, sondern elliptisch. Die Weite wandert von einer vorher gleichmäßigen Verteilung nach hinten. Dies macht die Röcke vorne flacher und somit um einiges praktischer.

1860

ACCESSOIRES

Die Erfindung der Krinoline bedeutet mehr Bewegungsfreiheit für die Trägerin – das kommt nicht zuletzt dadurch, dass sie beim Gehen mitschwingt und nachgibt. Eine Veränderung, die nicht ohne Aufschrei – nicht zuletzt von der männlichen Bevölkerung – vonstattengeht. Gerade beim Tragen im Freien kann es passieren, dass das Rock-Gebilde nun so schwingt, dass es für kurze Zeit einen Blick auf die Beine erlaubt. Dies wiederum führt zu einer Veränderung des Schuhwerks in der Viktorianischen Ära. Waren zuvor noch flache Slipper modern, so werden nun Stiefel, die die Knöchel und Unterschenkel vor eventuellen Blicken schützen, getragen. Die Schuhe haben hierbei fast immer einen kleinen Absatz und sind in der Regel geknöpft.

Kleine rüschenbesetzte Sonnenschirme machen das Tragen von Schuten mit breiten Krempen bald überflüssig.

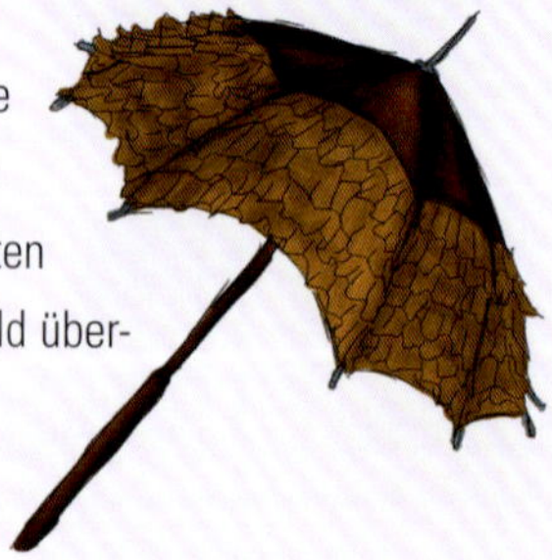

Tagestaillen sind auch in den 1860ern hochgeschlossen, haben aber in der Regel keinen Stehkragen.

Die Krinoline verschiebt sich nach hinten. Vorne ist der Rock nun flach. Die größte Weite ist hinten.

Der hintere Teil des Rockes wird nun durch kleine Drapierungen betont. Das können geraffte Überröcke, Schleifen oder die Verlängerung der Taille sein.

Röcke sind bodenlang, teilweise sogar mit Schleppe.

Ballkleider bestehen wie Tageskleider in der Regel aus zwei oder mehr separaten Teilen: der Taille und einem oder mehreren Röcken. Über dem Basisrock kann ein geraffter, drapierter Überrock getragen werden.
Ballkleider werden meist hinten verschlossen und erfordern daher eine Zofe oder andere Person, die beim Anziehen hilft.

Der wohl größte Unterschied zum Tageskleid liegt in der Gestaltung der Taille. Ballkleider haben einen weiten Ausschnitt und kurze Ärmel. Der Ausschnitt ist hierbei meist, wie auch im Biedermeier, „von Schulter bis Schulter" geschnitten. Dieser Schnitt hat den gleichen Effekt, wie die tiefsitzenden Schulternähte der Tagestaillen: Er streckt die Nackenlinie. Eine „Berthe" – ein tuchartiges Band, das die Linie des Ausschnitts ziert – unterstützt den Eindruck der breiten Nackenlinie, die, wie auch der Rock, ein optisches Gegengewicht zur schmalen Taille ist.

WINTERKLEIDUNG

Im Empire von Napoleon nach Europa gebracht, werden die indischen Kaschmirschals im Laufe des Jahrhunderts immer beliebter. Gerade in der kalten Jahreszeit dienen sie als wärmendes Accessoire. Der Fakt, dass Kälte Krankheiten fördern bzw. auslösen kann ist Mitte des 19. Jahrhunderts bereits bekannt, weshalb Damen in der Krinolinenzeit das Haus gerade im Winter nur selten ohne zusätzlichen Schutz verlassen.

Neben dem Schal sind Mäntel sehr beliebt. Der Mantel im „Talma-Schnitt" hängt wie ein Tuch oder Schal relativ lose über den Schultern und liegt in der Taille nicht an. Das Manteltuch wird hierbei nach unten immer weiter, sodass es auf dem weiten Krinolinenrock aufliegt. Mit solch einem Mantel kommt die Silhouette des Krinolinenkleides einem riesigen Dreieck recht nahe.
Der Mantel hat im Gegensatz zum Schal lange Ärmel. Wie auch bei den Taillen liegt die Schulternaht sehr tief und die Ärmel werden nach unten hin immer weiter.

Die Schals bzw. Tücher sind meistens dreieckig und reich verziert. Der Kaschmirschal ist ein Import aus Indien, welches nun eine Kolonie des Britischen Empires ist.

BADEMODE

Mitte des 19. Jahrhunderts wird Europa durch die Eisenbahn erschlossen. Tagelange unkomfortable Reisen in Kutschen sind nun in relativ kurzer Zeit per Bahn bequem zu erledigen und so kommt in der Viktorianischen Ära ein neuer Zeitvertreib zustande. Die sogenannte „Sommerfrische". Sie bezeichnet die Übersiedlung etwa ans Meer oder aufs Land im Sommer. Dabei bringt der Aufenthalt in einem Seebad eine neue Freizeitaktivität mit sich. Baden, oder genauer Freibaden, galt seit der Antike als unschicklich und anrüchig. Doch Ende des 18. Jahrhunderts gibt es erste Seebäder in England, die das Baden wieder populär machen – auch und gerade für Frauen. Historische Badekleider des 19. Jahrhunderts haben dabei vor allem eine Funktion: Den Körper verstecken, um den Anstand zu wahren. Die Ensembles aus knielangen, weiten, langärmligen Kleidern und knöchellanger Hose waren weder wasserdicht noch wirklich zum Schwimmen geeignet, doch sie erfüllten im prüden Viktorianischen Zeitalter ihren Zweck. Neben Schutz vor Blicken sollte die lange Kleidung vor allem auch ein Schutz vor der Sonne sein. Eine vornehme Blässe ist dabei aber nach wie vor modern und ein Zeichen für Wohlstand.

Die Kleidsäume werden teilweise mit Metall beschwert, damit das Kleid nicht auf dem Wasser schwimmt.

Die Designs der Badekleidung greifen oft Zierelemente von Marineuniformen auf.

Lange Ärmel und hoher Kragen schützen gleichsam vor Blicken und Sonnenstrahlen.

Ein weites knielanges Kleid kreiert die ideale Silhouette von schmaler Taille über weiten Hüften.

Badekleidung zeigt erstmals Hosen als akzeptablen Bestandteil der Damenmode. Sie reichen bis zum Knöchel und sind sehr weit.

TRAUERKLEIDUNG

In der Viktorianischen Ära gibt es Moderegeln für fast jeden erdenklichen Anlass. Es ist gesellschaftlich vorgeschrieben, wie tief der Ausschnitt zu welcher Tageszeit sein darf und was für Kleidung am Abend getragen wird. Da ist es nicht weiter verwunderlich, dass die viktorianische Gesellschaft ebenfalls eine Modeetikette für Trauerkleidung vorsieht. Es ist genau vorgegeben, was eine Frau nach einem Todesfall im familiären Umfeld wie lange zu tragen hat.

Die Trauerzeit für Witwen beträgt zwei Jahre und sechs Monate und teilt sich in drei Abschnitte.

Während des ersten Abschnitts, welcher ein Jahr und einen Tag umfasst, trägt die Witwe schwarze Kleidung aus „Crepe", einem stumpf aussehenden Seidenstoff mit rauer Struktur. Zusätzlich wird ein Schleier getragen.

Kleider sind immer lang, denn der Besuch von Abendgesellschaften, Bällen oder jeglichen anderen Veranstaltungen ist verboten. Es wird gesellschaftlich erwartet, dass Frauen ihre Emotionen unter Kontrolle behalten bzw. nicht zeigen. Deshalb ist selbst der Besuch der Beerdingung für die Witwe nicht vorgesehen. Jeglicher sozialer Kontakt – abgesehen vom engen familiären Umfeld – ist „verbo-

ten". Die Witwe in der Viktorianischen Ära trauert für sich selbst – Trauer ist nichts, was man mit der Öffentlichkeit teilt.

Im Laufe des ersten Trauerjahres wird der Anteil an Crepe langsam reduziert und es beginnt die zweite Phase der Trauer. Diese dauert neun Monate. Schlichte Applikationen kehren an die Kleider zurück. So z. B. Samtbänder, Rüschenbahnen oder Ähnliches. Die Kleider sind weiterhin schwarz.

Die letzte Phase der sogenannten „Halbtrauer" kennzeichnet die Rückkehr ins normale, gesellschaftliche Leben. Langsam kehren Farben in die Kleidung zurück. Das sind vorerst dunkle, gedeckte Farben wie Dunkelrot, Violett und verschiedene Grautöne. Die Farben kommen hierbei zuerst in Form von Applikationen zurück und greifen schließlich auf das gesamte Kleid über. Des Weiteren beginnt die Witwe nun, wieder gesellschaftliche Veranstaltungen zu besuchen und ins öffentliche Leben zurückzukehren.

Die Dauer der einzelnen Trauerphasen variiert je nach Beziehung zum Verstorbenen, wobei der Tod des Ehemannes die längste Trauerzeit voraussetzt.

Tournüre

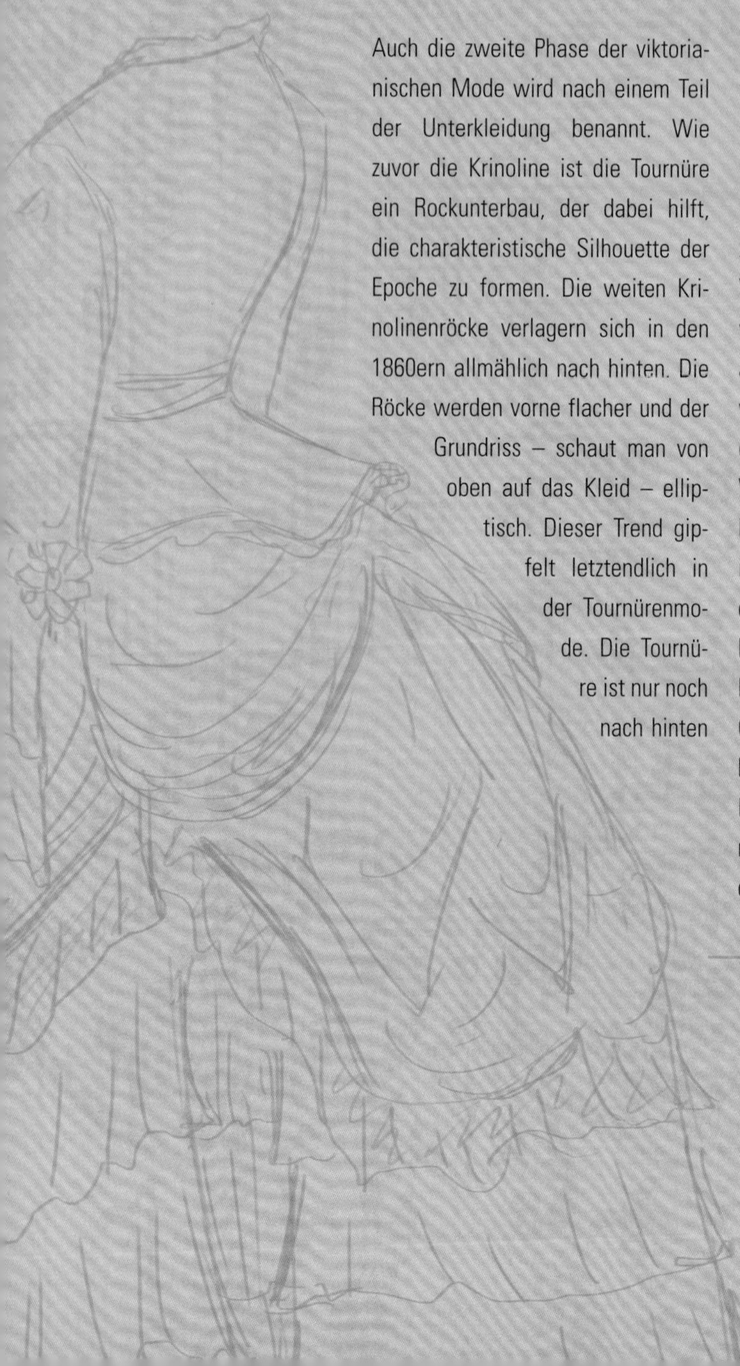

Auch die zweite Phase der viktorianischen Mode wird nach einem Teil der Unterkleidung benannt. Wie zuvor die Krinoline ist die Tournüre ein Rockunterbau, der dabei hilft, die charakteristische Silhouette der Epoche zu formen. Die weiten Krinolinenröcke verlagern sich in den 1860ern allmählich nach hinten. Die Röcke werden vorne flacher und der Grundriss – schaut man von oben auf das Kleid – elliptisch. Dieser Trend gipfelt letztendlich in der Tournürenmode. Die Tournüre ist nur noch nach hinten ausgestellt. Vorne liegt der Rock flach an und auch an den Seiten ist die Weite recht gering. Zum Ende der Epoche noch geringer als am Anfang. Die Mode zwischen 1870 und 1890 zeigt deutlich, wie schnelllebig die Welt und die Mode inzwischen geworden sind. Innerhalb von fünf Jahren verändert sich der Stil immer wieder und schafft so drei Phasen der Tournürenmode. Der schnelle Wandel liegt wohl auch daran, dass Mode nun zur Kunstform geworden ist. Bereits in den 1850ern, also in der Krinolinen-Zeit, gründet Charles Frederick Worth in Paris das erste Modehaus. Worth wird heute als Gründer der Haute Couture angesehen, da er einen anderen Blick auf Kleidung warf. Er entwirft Kleider mit allen Accessoires und schneidert dann seine Entwürfe nach. Er als Designer wählt Stoff, Schnitt und alles, was sonst noch anfiel. Zuvor war es üblich, dass der Kunde den Stoff zum Schneider brachte und sich dann etwas schneidern ließ. Auch ist die Schneiderei ein von Frauen dominiertes Feld.

Die Designs von Worth und anderen Modedesignern werden durch Medien verbreitet. Viktorianische Modezeitschriften zeigen mit Modekupfern und ausführlichen Texten, was „in" ist.

Die Kleider der Tournürenzeit sind dabei vielfältiger und variantenreicher als je zuvor. Kunstvoll drapierte Röcke, mit Falten, Rüschen und anderen Applikationen besetzt, lassen die Mode bisweilen ein bisschen überladen wirken. Aber der Fantasie sind keine Grenzen mehr gesetzt. Auch weil durch den technischen Fortschritt beinahe alles möglich ist. 1860 werden synthetische Farbstoffe entdeckt, die der Kleidung eine neue Farbenvielfalt geben. Dabei gilt es als modern, nicht mehr als zwei Farben in einem Kleid zu verwenden.

Die überladene Kleidung der Tournürenzeit wird natürlich auch kritisiert. Vor allem Unterstützerinnen der ersten Frauenbewegung in den USA versuchen mit dem „Rational Dress Movement" eine einfachere und praktischere Mode einzuführen. Die Rolle der Frau wird in der Viktorianischen Ära von verschiedenen Frauenrechtsbewegungen infrage gestellt. Sie fordern Wahlrecht und das Recht auf Eigentum und Arbeit. Forderungen, die so aber erst in der nächsten Epoche erste Früchte tragen.

1870–1890

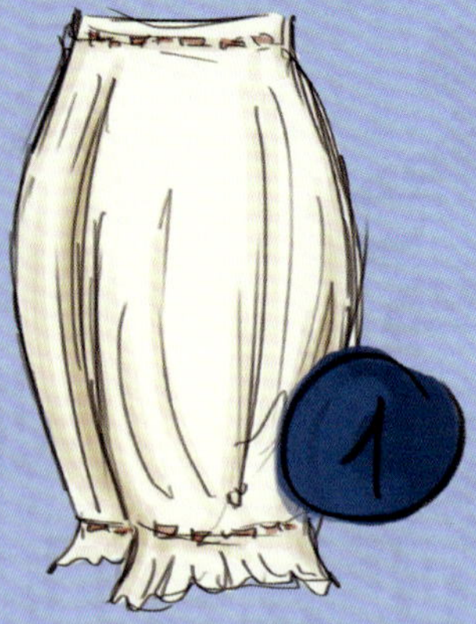

1 Die **Unaussprechlichen** bestehen meistens aus zwei Hosenbeinen, die nur in einem Taillenband zusammengenäht sind. Sie sind im Schritt offen.

2 Die **Chemise** wird neben der Funktion als Unterwäsche auch als Nachthemd getragen.

3 Das **viktorianische Sanduhrkorsett** dieser Epoche ist länger als noch zur Krinolinen-Zeit. Es wird vorne mit einem Planchet geschlossen. Die Schnürung hinten dient dazu, die Weite einzustellen.

4

Ein **Korsettschutz** schützt die Oberbekleidung und das Korsett gleichermaßen.

5

Die **Tournüre** (engl. Bustle) ist das namengebende Kleidungsstück der Epoche. Der Rockunterbau sitzt über dem Gesäß, um die Röcke dort künstlich aufzubauschen. Diese Tournüre, auch als „Hummerschwanz" bezeichnet, besteht aus mehreren übereinanderliegenden Stahl-Halbkreisen, die durch Bänder hinter den Beinen gehalten werden. Die Halbreifen schieben sich beim Hinsetzen zusammen.

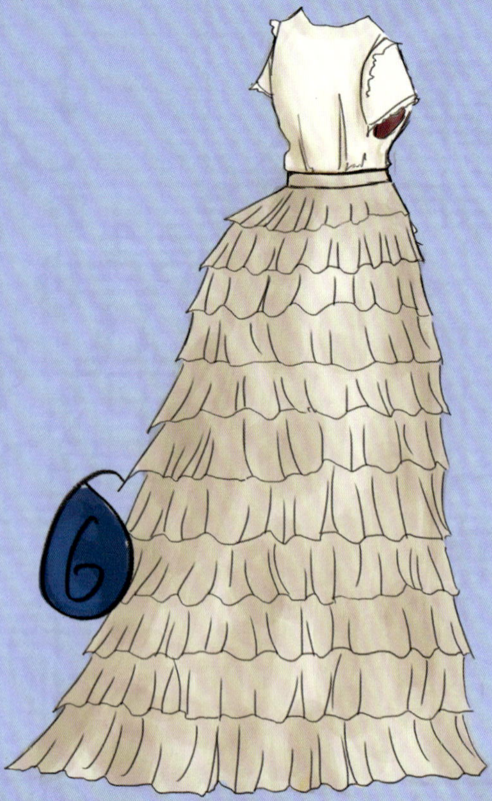

6 Über der **Tournüre** wird ein gestufter Unterrock getragen. Die aufgenähten Rüschenbahnen verhindern, dass sich der Stahl der Tournüre in der Oberbekleidung abzeichnet und geben dem Rock gleichzeitig mehr Volumen.

7 Der **Basisrock** ist häufig mit Rüschen- oder Faltenbahnen verziert.

Einer oder mehrere **drapierte Überröcke** sind charakteristisch für die Epoche. Die Drapierungen über der Tournüre betonen die gewünschte Linie des nach hinten ausgestellten Kleides. Die Überröcke sind oft mit Schleifen, Bändern, Falten oder anderen Applikationen verziert.

Die meisten Kleider der Tournürenzeit bestehen aus mehreren Röcken und einem separaten Oberteil, das als **Taille** (engl. Bodice) bezeichnet wird.

Mit dem Voranschreiten der Industrialisierung und immer mehr neuen Erfindungen und Entdeckungen, beginnt auch die Mode sich immer schneller zu wandeln. Die Epoche der Tournüre ist das Paradebeispiel für diesen schnellen Wandel. In den 20 Jahren, die die Epoche umfasst, lassen sich drei grundlegend unterschiedliche Stile feststellen, die die Epoche abermals unterteilen.

1870

DIE FRÜHE TOURNÜRE

Die frühe Tournüre hat noch große Ähnlichkeit zur vorangegangenen Epoche der Krinoline. Besonders bei Betrachtung der Taille wird dies deutlich. Die Taillenlinie sitzt recht hoch, die Ärmel sind sehr weit und der Schulterpunkt ist nach unten versetzt, um die Nackenlinie zu strecken. Des Weiteren ist der Rock auch nach links und rechts noch relativ weit – die Betonung durch die Tournüre ist zwar nach hinten gerutscht, der Rock ist aber dennoch zu den Seiten ein bisschen ausgestellt.

1875

1875

DIE KÜRASS-MODE

Mit der Küraß-Mode, im englischen als „Natural Form" bezeichnet, fallen erstmals seit dem Empire sämtliche Rockunterbauten weg. Küraßkleider haben keine Tournüre. Die Drapierungen aber bleiben und hängen mehr oder weniger lose herunter. Küraßkleider zeichnen sich außerdem durch sehr lange Taillen aus. Die Oberteile liegen teils weit über die Hüfte hinaus eng an. Auch die Röcke sind sehr eng und versuchen so, die natürliche Körpersilhouette zu betonen.

1882

1882

DIE SPÄTE TOURNÜRE

Mit der dritten Phase der Epoche kehrt die Tournüre zurück. Diesesmal allerdings anders als zu Beginn der Epoche. Während dort der Übergang in die Tournüre noch recht weich und rund war, steht der neue Unterbau quasi horizontal unterhalb der Taillenlinie ab. Von vorn betrachtet ist der Rock eng. Sämtliche Weite befindet sich hinten über der Tournüre. Auch sind die Schultern nun wieder an ihre natürliche Position – wenn nicht gar ein Stück darüber hinaus – gewandert.

1890

DIE TOURNÜRE

Um 1870 verschwindet die Krinoline als Rockunterbau aus der Damenmode und wird durch die sogenannte „Tournüre" ersetzt. Das Kleidungsstück, welches der Epoche ihren Namen gibt, ist verantwortlich für die charakteristische Silhouette; das ausschlaggebende Merkmal der Epoche. Die Tournüre, im Englischen als „Bustle" bezeichnet, sitzt über dem Gesäß, um den Rock hinten auszustellen. Die frühe Tournüre ist ein mit Rüschen besetztes und/oder versteiftes Kissen, das unter dem Rock getragen wird.

Die Schulternaht sitzt unterhalb des natürlichen Schulterpunktes, um den Nacken optisch zu strecken.

Tagestaillen werden üblicherweise in der vorderen Mitte mit Knöpfen verschlossen.

Röcke und Taillen sind durch Rüschen- oder Faltenbahnen, Bänder und Ähnliches reich verziert.

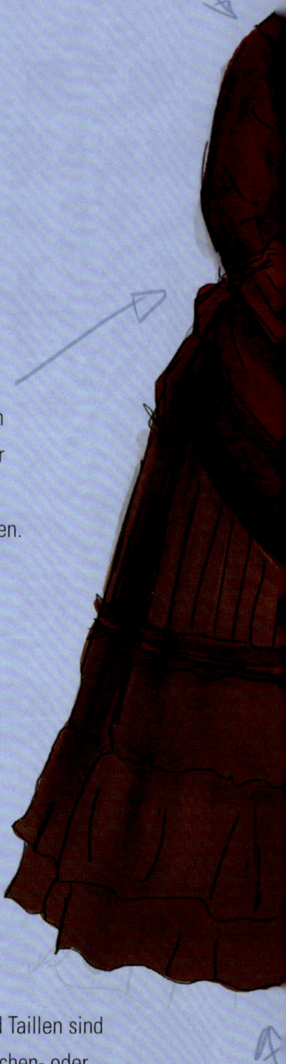

Die Ärmel reichen bis zum Handgelenk und haben einen reich verzierten Ärmelabschluss (Manschette).
Tagestaillen sind üblicherweise hochgeschlossen.
Die Tournüre stellt den Rock auf Taillenhöhe nach hinten aus. Mehrere drapierte Überröcke betonen diese Linie.
Der Überrock ist vorne oft als Schürze drapiert.
Der Basisrock ist bodenlang – oft sogar mit einer kleinen Schleppe.

DIE KÜRASS-MODE

Zwischen 1875 und 1882 verschwindet das namengebende Kleidungsstück der Tournürenmode. Elegante und üppige Drapierungen bleiben, doch der verstärkende Unterbau über dem Gesäß fällt weg. Stattdessen wird die Taille immer länger und enger und schränkt die Bewegungsfreiheit zunehmend ein.

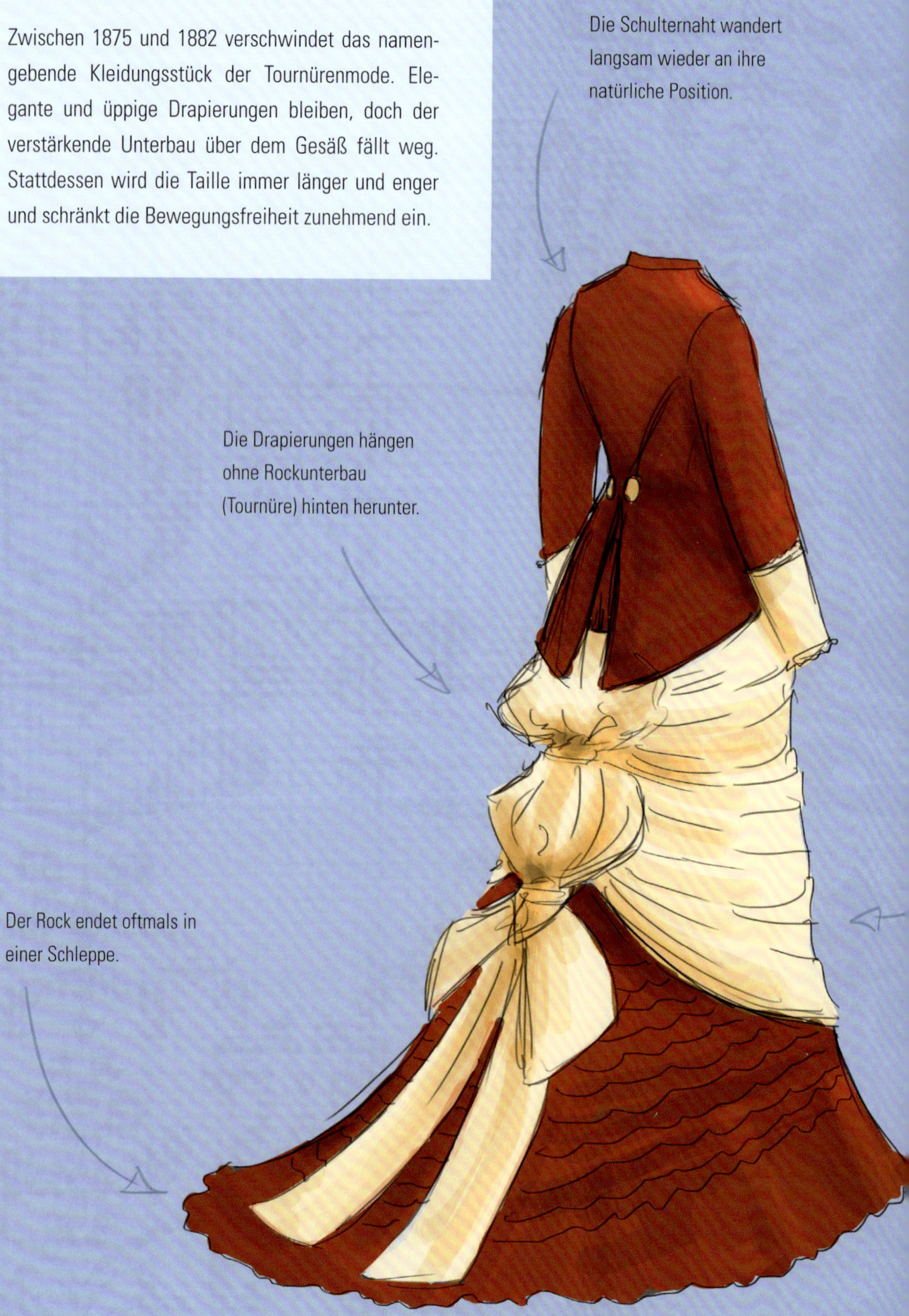

Die Taille ist sehr lang und liegt auch unterhalb der Taillenlinie eng an. Das enge Oberteil kann bis zum Knie reichen.

Die Ärmel werden enger, die Ärmelabschlüsse dezenter und ebenfalls schmaler.

Der Rock ist sehr eng, um die natürliche Körpersilhouette zu betonen.

Horizontale Falten oder Streifen im Rock strecken die Figur und machen den Rock optisch noch enger.

Die Schulternaht sitzt wieder auf natürlicher Höhe und wird sogar teilweise durch einen leichten „Puff" nach oben versetzt.

Eine sogenannte „falsche Weste" ist ein modischer Bestandteil vieler Taillen.

Die Taille ist auf natürlicher Höhe.

Überröcke und Schürzen sind oft asymmetrisch drapiert.

Der Basisrock reicht in der Regel bis zu den Füßen und hat keine Schleppe.

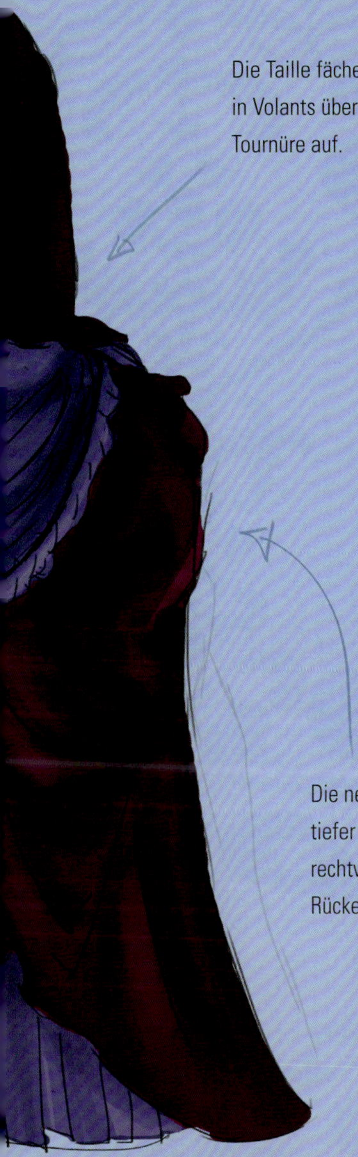

Die Taille fächert hinten in Volants über der Tournüre auf.

Die neue Tournüre sitzt tiefer und steht quasi rechtwinklig vom unteren Rücken ab.

DIE RÜCKKEHR DER TOURNÜRE

Um 1882 kehrt die Tournüre in die Damenmode zurück. Diesesmal allerdings funktioniert der Unterbau nach einem neuen Prinzip. Anders als die um 1870 genutzten „Horsehair Bustles", die eher mit Pferdehaar versteiften Kissen ähneln, besteht die „Langstry Bustle" aus mehreren Stahlbändern, die in Halbkreisen über dem Gesäß liegen. Die Halbkreise werden hierbei durch horizontale Bänder hinter den Beinen gehalten.

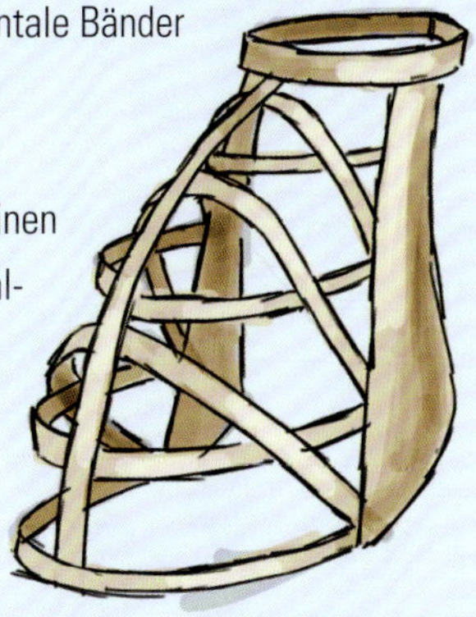

Die neue Tournüre hat einen besonderen Vorteil: Die Stahlbänder falten sich beim Hinsetzen zusammen bzw. schieben sich hoch.

Der Dresscode der Viktorianischen Ära sieht verschiedene Kleiderstile für verschiedene Anlässe vor. Im Großen und Ganzen gilt dabei: Je später die Stunde und je offizieller der Anlass, desto kürzer werden die Ärmel und desto größer wird der Ausschnitt.

Ballkleid

Das Ballkleid ist die freizügigste Variante der Tournürenmode. Die Ärmel sind kurz; in der Regel kleine Puffärmel oder „T-Shirt-Ärmelchen". Der Ausschnitt eines Ballkleides ist weit. Oft reicht er von Schulter bis Schulter und ist, wie auch in den Epochen zuvor, mit einer Bertha verziert.

Ballkleider werden zudem oft hinten verschlossen und erfordern daher eine Anziehhilfe.

Dinnerkleid

Das Dinnerkleid hat im Gegensatz zum Tageskleid einen größeren Ausschnitt und die Ärmel sind teilweise kürzer. Sie reichen bis zum Ellenbogen.

Die Taille eines Dinnerkleides wird in der Regel, wie auch beim Tageskleid, vorne mit Knöpfen verschlossen.

Dinnerkleider sind meist aus Seidenstoffen gefertigt, die das Kleid schicker und eleganter wirken lassen.

Trauerkleid

Von viktorianischen Frauen in Trauer wird erwartet, dass sie über einen bestimmten, je nach Beziehung zum Verstorbenen variierenden Zeitraum Schwarz tragen. Die genaue Abfolge der einzelnen Trauerphasen orientiert sich am Vorbild des englischen Königshauses. Daher ist die „richtige Trauer" auch eine sehr kostspielige und für den Großteil der Bevölkerung äußerst unpraktische Angelegenheit.

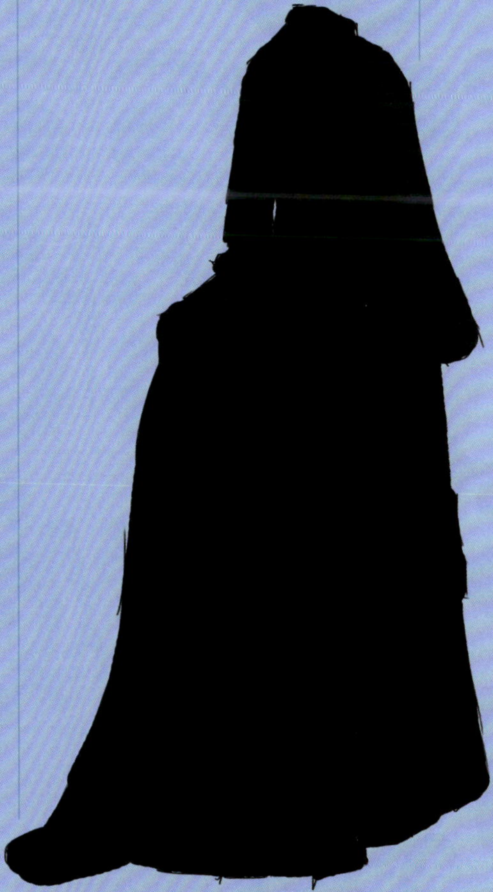

In der zweiten Hälfte der Viktorianischen Ära werden die großen Schuten durch immer kleiner werdende Hüte abgelöst. Die Kopfbedeckungen der Damenwelt haben nun nur noch einen dekorativen Zweck. Das liegt vor allem daran, dass Ende der 1860er-Jahre rüschenverzierte Sonnenschirmchen zum beliebten Alltagsaccessoire werden. Diese machen Hüte mit großen Krempen überflüssig.
Zuvor dient der Hut (die Schute), in welcher Form auch immer, in erster Linie dem Schutz vor der Sonne, denn ein blasser Teint gilt als modern. Das ändert sich auch in der Tournürenzeit nicht. Der Grund für dieses Schönheitsideal ist einfach: Blasse Haut ist gleichbedeutend mit Wohlstand, denn wer viel Geld hat, muss nicht im Freien arbeiten und kann es sich leisten, drinnen zu bleiben.

Sonnenschirme machen den Hut als Sonnenschutz überflüssig. Es gilt aber nach wie vor als unschicklich, ohne Hut das Haus zu verlassen. Richtig angezogen ist man erst, wenn der Kopf bedeckt ist. Wie winzig diese Kopfbedeckung ist, ist dabei völlig egal.
In den 1870ern gehen die Hüte zuerst in die Höhe. Die immer bunter verzierten Hüte sitzen dazu schräg und nach vorn geneigt auf dem kunstvoll hochgesteckten Haar. Im Laufe der Epoche werden die Hüte winzig. Kleine Kappen – immernoch mit allen möglichen Schleifen, Bändern, Federn, Blüten und anderen Dingen verziert – werden von den Damen nur noch als Dekoelement auf dem Kopf getragen.

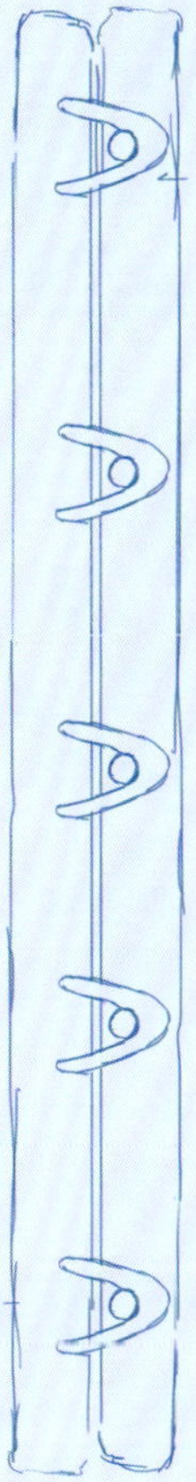

Das Korsett der Krinolinenmode ändert sich mit der Tournüre ein wenig. Zwar bleibt die grundsätzliche Sanduhrform bestehen, aber das Kleidungsstück wird insgesamt länger. Für eine Krinoline ist alles unterhalb der Taillenlinie irrelevant. Korsetts der 1850er- und 1860er-Jahre sind daher recht kurz. Alles das, was auf Taillenhöhe eventuell weggeschnürt wird, wird einfach nach unten gedrückt. Unter der weiten Krinoline ist das völlig egal.

Gerade die Mode der zweiten Tournürenphase mit ihren engen Kürasstaillen erfordert ein anderes, ein längeres Korsett, das auch den Unterbauch flach drückt. Dafür wird das Korsett einerseits länger. Auf der anderen Seite verändert sich das Planchet, die Korsettschließe. Zuvor noch auf zwei geraden, parallelen Stahlstäben montiert, sitzen die Haken-Noppen-Paare auf Metallstreifen, die nach unten breiter werden und abgerundet sind. Die sogenannte „Löffelschließe" drückt durch die Verbreiterung unten den Bauch flach.

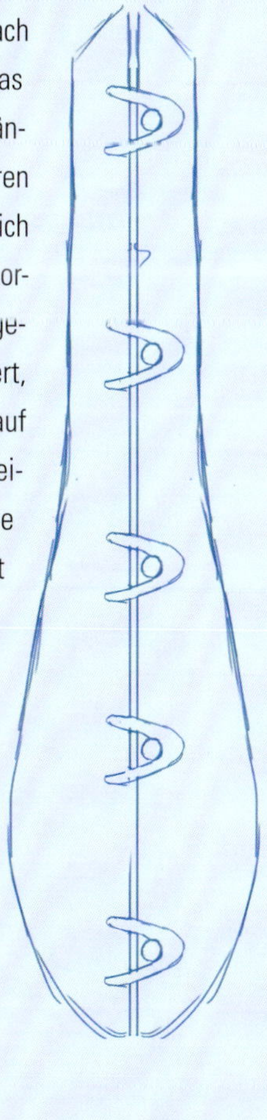

Belle Epoque

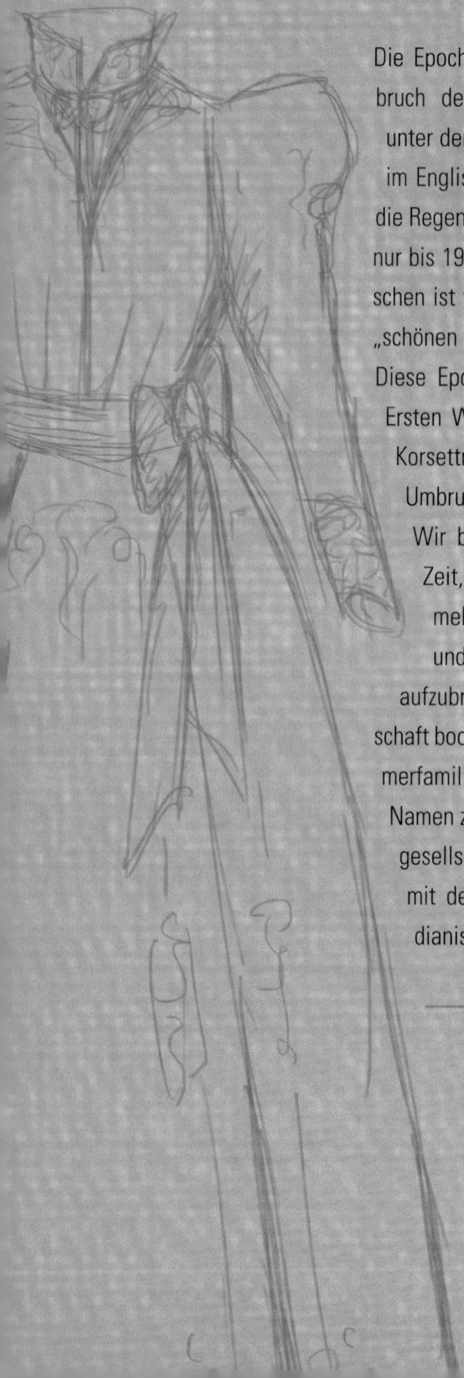

Die Epoche von 1890 bis zum Ausbruch des Ersten Weltkrieges ist unter dem Namen „Edwardian era" im Englischen bekannt, auch wenn die Regentschaft Edwards eigentlich nur bis 1910 andauerte. Im Französischen ist von „la belle époque", der „schönen Epoche" die Rede.

Diese Epoche unmittelbar vor dem Ersten Weltkrieg ist die letzte der Korsettmode und gezeichnet vom Umbruch.

Wir befinden uns nun in einer Zeit, in der der alte Adel immer mehr an Bedeutung verliert und alte Gesellschaftsbilder aufzubrechen beginnen. Die Wirtschaft boomt. Immer mehr Unternehmerfamilien schaffen es, sich einen Namen zu machen und stehen bald gesellschaftlich auf einer Höhe mit dem alten Adel. Im edwardianischen England kann jeder zu etwas werden, so lange er auf seinem Gebiet Erfolg hat. Dabei ist es völlig egal, ob nun als Unternehmer, Künstler oder als Fotomodell. Der König ist von vielen Menschen begeistert – und die edwardianische Gesellschaft dient vor allem dazu, dem König zu gefallen. Deshalb wird auch offen zur Schau gestellt, was man sich leisten kann – bzw. wenn man sich etwas leisten kann. Dies spiegelt sich auch in der Mode wider. Die edwardianische Mode ist eine Mode der Extravaganz und des Protzes. Auch weil nun mehr Ressourcen zur Verfügung stehen als je zuvor. Das Voranschreiten der Industrialisierung, der Kolonialismus und immer neue Innovationen ermöglichen immer buntere, immer kunstvollere Kleider zu immer kleineren Preisen.

Dieser extravaganten Garderobe – gerade in reicheren Familien, die dank Globalisierung überall aus dem Boden schießen – steht eine ganz andere Entwicklung gegenüber. Während verheiratete wohlhabende Frauen offen zur Schau stellen, was sie sich leisten können, beginnen unverheiratete Frauen in ärmeren Schichten nun allmählich, ihren Lebensunterhalt selbst zu verdienen, ob nun als Gouvernante oder Angestellte in einem Kaufhaus. Für verheiratete Frauen ist die Arbeit jedoch nach wie vor verboten. Das Arbeitsleben allerdings erfordert eine andere, praktischere Kleidung. Kürzere Röcke, schlichtere Taillen, usw. Diese neue, sogenannte „Reformkleidung" orientiert sich sehr stark an der Herrenmode.

Doch die Berufswelt ist nicht der einzige Punkt, in dem sich die aufkeimende Frauenbewegung bemerkbar macht. Auch diverse Sportarten werden für Frauen attraktiver und erfordern ebenfalls eine praktischere Mode. Auch hier wird sich an der Herrenmode orientiert.

Alles in allem ist die Belle Epoque eine Ära, in der das alte Gesellschaftsbild aufbricht und immer mehr Dinge möglich scheinen. Sei es nun durch neue technische Innovationen oder dem nach Freiheit, nach Veränderung strebenden Zeitgeist der Epoche. In der Belle Epoque scheint für jeden Einzelnen alles möglich. Es ist eine Gesellschaft, die nach immer mehr strebt und sich dabei in ihrer eigenen Extravaganz verliert – eine Entwicklung, die letztendlich mit dem Ersten Weltkrieg 1914 schlagartig endet.

1890–1914

AUFBAU EINES KLEIDES

Die Mode der 1890er unterscheidet sich insofern von der vorangegangenen Epoche, dass die Tournüre nun endgültig wegfällt – und mit ihr alle Rockunterbauten, die im Laufe des Jahhrhunderts je exisitert haben. Wie zuvor in der kurzen Epoche der „Küraß-Mode" setzt sich nun einmal mehr eine natürliche Linie durch. Die Mode der Belle Epoque versucht hierbei die natürliche Silhouette des weiblichen Körpers zu betonen. Anders als in der „Küraß-Mode" gibt es also auch keine Drapierungen über dem Gesäß mehr. Die Röcke sind lang und liegen an der Hüfte eng an. Rüschen und Falten gibt es, wenn überhaupt, nur noch zum Saum hin, wo der Rock glockenförmig auffächert. Diese Form streckt die Silhouette.

Modern ist weiterhin eine schmale Taille – ein Effekt der jetzt allerdings nur noch durch Schnüren des Korsetts und nicht etwa wie in der Krinolinenzeit durch künstliches Aufbauschen der Hüfte erreicht wird. Die Silhouette der Belle Epoque ist groß, schlank und elegant.

1 Die **Unaussprechlichen** bestehen aus zwei Hosenbeinen, die am Taillenband befestigt werden. Sie sind im Schritt offen.

2 Die **Chemise** ist ein Unterhemd – meist aus Leinen oder Baumwolle –, das den Schweiß aufnehmen soll, um das Kleid zu schützen. Eine Chemise lässt sich – im Gegensatz zur meisten Oberbekleidung – waschen.

Ein **viktorianisches Sanduhrkorsett** sorgt für eine schmale Taille und schützt gleichzeitig vor dem Einschnüren der Rockbünde.

Der **Korsettschutz** schützt die Oberbekleidung vor dem Korsett und das Korsett vor der Oberbekleidung.

5 Der unten mit Rüschen versehene **Unterrock** gibt dem Rock die gewünschte Silhouette. Er ist zusätzlich am Saum oft mit Spitze verziert, denn, wenn der Rock beispielsweise zum Treppensteigen angehoben werden muss, kann der Unterrock sichtbar werden.

6 Das eigentliche Kleid besteht aus zwei Teilen: einem **Rock**, der häufig bestickt oder anderweitig verziert ist, und einem Oberteil.

Das Oberteil wird als **Taille** (engl. Bodice) bezeichnet. Sie wird in der Regel (bei Tageskleidern) vorne verschlossen und ist versteift. Dies sorgt dafür, dass die Oberbekleidung eng am Körper anliegt und die gewünschte Silhouette behält.

Die Ärmel werden im Laufe des Jahrhunderts an der Schulter immer weiter. Liegt der Ärmel um 1890 noch sehr eng an der Schulter an, so ist der Puff um 1900 teilweise so groß, dass er mit einem eingenähten Kissten in Form gehalten werden muss.

Der hohe Stehkragen des Tageskleides reicht bis unter das Kinn.

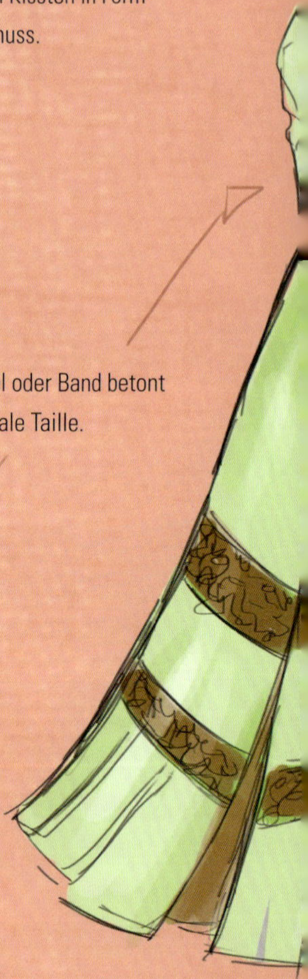

Ein Gürtel oder Band betont die schmale Taille.

Röcke und Taillen sind oft bestickt oder mit Mustern aus Bändern verziert. Sogenannte „Soutache-Verzierungen“ sind verschnörkelte Muster aus aufgenähten Bändern.

Die Ärmel reichen bis zum Handgelenk, teilweise bis zur Mitte des Handrückens. Ärmelabschlüsse sind in der Regel eng.

Der glockenförmige Rock liegt an der Hüfte eng an und wird nach unten hin immer weiter. Er besteht aus mehreren Bahnen.

Der Rock des Tageskleides ist bodenlang, teilweise – sogar bei Outdoorbekleidung – mit einer Schleppe.

ACCESSOIRES

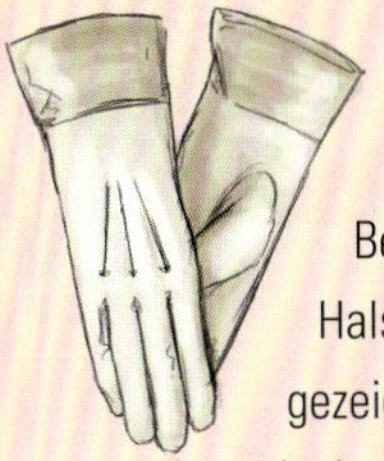

Handschuhe bedecken zu allen Anlässen die Hände – Die Mode der Belle Epoque verhüllt die Trägerin vom Hals bis zum Zeh, sodass weniger Haut gezeigt wird als je zuvor. Röcke sind bodenlang, teilweise länger, Ärmel reichen bis über die Handrücken und selbst die Hände werden ständig von Handschuhen bedeckt.

Das Schuhwerk der Belle Epoque unterscheidet sich kaum von dem der viktorianischen Zeit. Es werden weiterhin Stiefel getragen – die auch beim Anheben der Röcke dafür sorgen, dass die Knöchel bedeckt bleiben. Damenschuhe haben einen kleinen Absatz und sind meist geknöpft.

Ein Spitzen- oder Rüschenschirmchen ist ein beliebtes Accessoire.

Die Hüte werden in der Belle Epoque wieder breiter und größer. Sie sind nach wie vor mit allerlei Dingen (Blüten, Federn, Schleifen, Bändern) verziert und gehören zwingend zur Outdoorgarderobe der Damen.

Ballkleider

Je später der Abend und je offizieller der Anlass, desto freizügiger wird das Kleid. Ballkleider bilden hier das Extrem. Die Abendgarderobe hat in der Regel einen weiten Ausschnitt und kurze Ärmel. Ballkleider haben fast immer Schleppen und sind aufwendig verziert. Der Fantasie ist hier keine Grenze gesetzt. Da die meisten Ballsäle mit Kerzenlicht beleuchtet sind, empfielt es sich, helle Farben zu tragen, um im Dämmerlicht nicht gänzlich mit der Wand zu verschmelzen.

Sportkleider

In der Belle Epoque werden immer mehr Sportarten auch für Frauen beliebt und akzeptiert. So z.B. Golf oder Tennis. Aber für die neuen freizeitlichen Aktivitäten muss eine neue, praktischere Garderobe her. Die Sportkleidung der Damenwelt orientiert sich – wie alle Modeerscheinungen im Zusammenhang mit einem freieren Lebensstil – an der Herrenmode. Taillen werden schlichter und erinnern an Uniformen. Außerdem sind die Röcke der Sportkleider nur noch knöchellang.

Fahrradkleidung

Ende des 19. Jahrhunderts wird das Fahrrad schnell zu einem beliebten Verkehrsmittel. Auch und gerade für arbeitende Frauen. Mit den sogenannten „Bloomers" erhält nun erstmals die Hose Einzug in die Damenmode. Zwar hatte man schon um 1851 versucht, das sogenannte „Bloomer Dress" als Alternative zu den unpraktischen Krinolinen der Zeit salonfähig zu machen, der Versuch scheiterte allerdings – nicht zuletzt am Aufschrei der männlichen Bevölkerung.

Reitkostüm

Zu Pferde sitzt die Dame der Belle Epoque nach wie vor im Damensattel. Der überlange Rock, der auch bei angewinkelten Beinen noch alles bedeckt, wird beim Laufen mit einem Knopf hochgerafft. Er hat allerdings einen Nachteil: Fällt die Reiterin, so kann sich das Pferd leicht in den Stoffmassen verheddern. Die Unfallgefahr ist sehr hoch. Die Reformreitkleidung ab 1900 besteht daher nur noch aus einer Art Schürze, die an einer darunter getragenen Hose festgeknöpft wird.

Um die Jahrhundertwende herum veränderte sich die Silhouette der Damenmode noch einmal. Diese Veränderung entstand mit der Erfindung des sogenannten „S-Form-Korsetts" oder „Gesundheitskorsetts".

Der Unterschied zwischen 1890er-Kleidern und der Linie nach 1900 wird besonders deutlich, wenn man das Kleid von der Seite betrachtet. Während das viktorianische Korsett der 1890er den Rock an der Hüfte noch in alle Richtungen ausbeulte (auch nach vorne), ist das edwardianische Korsett vorne flach. Es drückt den Unterbauch zurück und hebt außerdem die Brust an.

Diese, vorne flache Linie hat zur Folge, das der Oberkörper dauerhaft in ein Hohlkreuz gedrückt wird. Das herausgestreckte Gesäß und die angehobene Brust erschaffen den Eindruck, die Trägerin stünde dauerhaft leicht nach vorn gebeugt.

bis 1900

Um 1900 unter dem Namen „Gesundheitskorsett" erfunden, entstand das neue Korsett als Reaktion auf die Kritik an der Schnürpraxis der Damenmode. Die neue Linie sollte den Körper vorne möglichst gerade halten, damit die inneren Organe nicht eingedrückt würden und mehr Platz bekämen – das Tragen eines Korsetts also gesünder werden würde. Dass die neu erschaffene Linie allerdings weitaus schwerere Folgen für die Wirbelsäule haben würde, war anfangs nicht bekannt.

nach 1900

Das S-Form-Korsett drückt die Brust nach oben. Viele Kleider werden hier zusätzlich mit Polstern ausgestopft, um die beliebte sogenannte „Taubenbrust“-Optik zu erreichen bzw. zu verstärken.

Die Schultern werden nach 1900 rasch kleiner. Schulterpolster fallen weg und der Schulterpunkt liegt wieder an seiner natürlichen Stelle.

Der Ärmelabschluss am Handgelenk ist nach wie vor eng, davor kann der Ärmel allerdings weit sein und wird dann in einem Bund eingerafft.

Die Silhouette des Rockes ist im Grunde dieselbe wie 1890, nur „übertriebener“. Der Rock fächert nach unten stärker aus und liegt an der Hüfte sehr eng an – dies wird durch die sehr langen neuen Korsetts verstärkt. Röcke haben nun eigentlich immer eine Schleppe (Ausnahme ist die Reformkleidung).

„TAILORED DRESS" UND „BLUSENTAILLE"

Im Kontrast zur extravaganten Alltagsmode der wohlhabenderen Bevölkerung tritt um 1900 eine andere Modebewegung auf.

Es beginnt nun eine Zeit, in der (unverheiratete) Frauen vermehrt beginnen, ihren Lebensunterhalt selber zu verdienen. Sie arbeiten beispielsweise als Gouvernanten oder als Shop-Angestellte in den immer populärer werdenden Kaufhäusern.

Für die Arbeitswelt sind die extravaganten Kleider mit Rüschenbesatz und langer Schleppe schlicht zu unpraktisch. Es musste etwas Neues, etwas Einfacheres, etwas Schlichteres her.

Die Lösung ist das sogenannte „Tailored Dress". Diese Mode, bestehend aus einer Blusentaille und einer Jacke, orientiert sich stark an der Herrenmode. So ist beispielsweise die beliebte „Eton-Jacke" direkt aus der Herrenmode übernommen.

Natürlich ist die Damenmode hierbei immernoch auf den weiblichen Körper zugeschnitten. Es handelt sich im Grunde um Herrenmode, die für die weibliche Silhouette angepasst wird. So ist auch die Blusentaille, mag sie auch locker drapiert wirken, nicht mit einer modernen Bluse zu vergleichen. Das Futter der Bluse ist versteift und sitzt maßgeschneidert am Körper. Anschließend wird der Oberstoff locker auf dieses Futter drapiert.

Auch die Röcke der Reformkleidung sind kürzer und erleichtern so der Trägerin den Alltag in der Arbeitswelt.

Anfangs nur von der arbeitenden Bevölkerung getragen, wird diese Mode im Laufe des Jahrzehnts auch von reicheren, verheirateten und nicht arbeitenden Frauen als Reisekleidung aufgegriffen und setzt sich immer mehr durch.

DEBÜTANTENKLEIDER

Der „bal blanc" war eine französische Tradition. Er diente der Einführung junger Frauen aus wohlhabendem bzw. adligem Hause in die Gesellschaft.

In der Edwardianischen Ära galt es weiterhin als höchstes Lebensziel einer Frau zu heiraten. Gerade in wohlhabenden Familien arbeiteten alle darauf hin, den Töchtern eine gute Partie zu ermöglichen. Mit 18 Jahren war die Kindheit schlagartig um. Zum Zeichen, dass die Tochter nun als Erwachsene angesehen wurde, wurden die Haare hochgesteckt und die Röcke länger. Des Weiteren galt es nun, die junge Frau in die Gesellschaft einzuführen, sie der Männerwelt zu präsentieren.

In Frankreich geschah dies durch einen sogenannten „bal blanc". Auf diesem, dem Debütantinnenball, waren alle heiratsfähigen Damen in Weiß gekleidet. Des Weiteren waren hier in der Regel nur Unverheiratete anwesend. Auf dem Ball durfte der Herr die Dame zum Tanz auffordern, ohne vorher vorgestellt worden zu sein. Allerdings wurden Gespräche abseits der Tanzfläche nicht gern gesehen.

Andere Länder hatten ähnliche Traditionen. In England wurde die Debütantin erst bei Hofe vorgestellt, dann folgten spezielle Dinners und Bälle. In Wien gab es einen Ball, der dem französischen „bal blanc" sehr ähnlich war. Auch hier waren die Debütantinnen ganz in Weiß gekleidet.

TRAUERKLEIDUNG

Auch in der Edwardianischen Ära richtet sich die Trauer nach strengen Vorgaben. So hatte eine trauernde Witwe nach wie vor Schwarz zu tragen und musste sich von gesellschaftlichen Anlässen fernhalten. Die Trauerzeit dauerte 18 Monate bis hin zu zwei Jahren. Trauerkleider bestanden aus Crepe. Ab 1913 wurde der Anteil an Crepe auf die Applikationen reduziert.
Anders als in der Viktorianischen Ära wurden Schleier seltener getragen. Stattdessen kam der sogenannte „Mary Stuart Coif" in Mode, ein Hut mit langem Schleier oder Bändern an der Rückseite. Ein Schleier war natürlich trotzdem eine Option. Nach einem Jahr und neun Monaten kehren weiße Applikationen an das Kleid zurück, der Schleier wird gegen eine Haube ausgestauscht und Goldschmuck ist wieder erlaubt.

Mit dem Ersten Weltkrieg wird die Trauerpraxis aufgegeben, da nun so schnell so viele Menschen sterben, dass theoretisch immer getrauert werden müsste. Da mit der korrekten Kleidung auch ein Fernbleiben von der Öffentlichkeit einhergeht, ist die Trauer nach diesen Regeln irgendwann schlichtweg absurd.

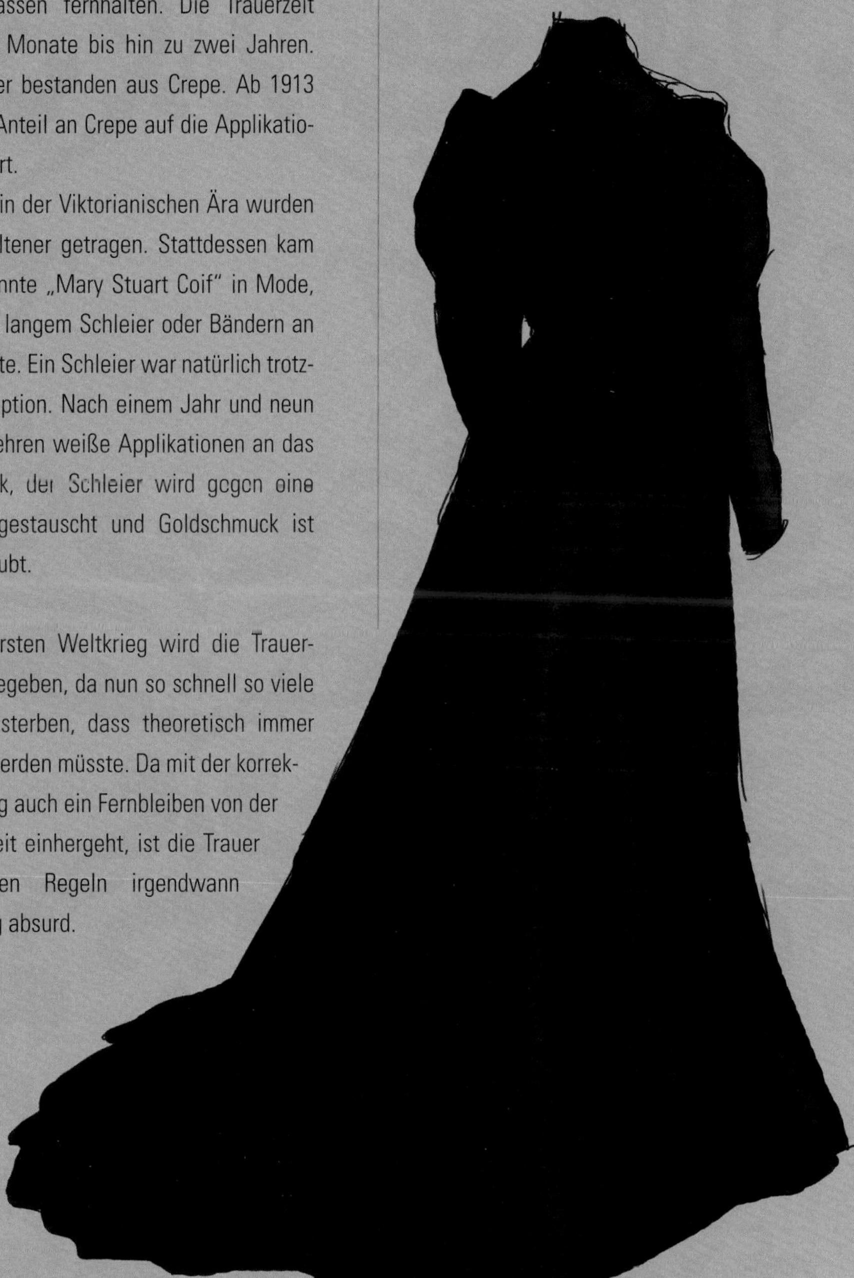

Allgemeine Nähkunde

Um ein historisches Kleid nachzuschneidern, benötigt man – nachdem man sich für eine Epoche entschieden hat – ein Schnittmuster. Diese Anleitung gibt genau vor, wie der Stoff zugeschnitten und anschließend vernäht werden muss, um am Ende das Kleid zu erhalten, das auf der Packung steht.

Aber was benötige ich an Stoffen, Werkzeugen und anderen Materialien, um selbst ein Kostüm zu nähen? Was für Stoffarten gibt und gab es – und wie unterscheiden sie sich? Welche Zusatzmaterialen brauche ich für ein historisch korrektes Kostüm? Wann wurde eigentlich die Nähmaschine erfunden?

Das folgende Kapitel soll einen Einstieg in das Hobby der Kostümschneiderei erleichtern. Hier werden Grundlagen des Nähens dargestellt – immer im Hinblick auf die Reproduktion der Mode des 19. Jahrhunderts.

DIE BINDUNGSARTEN

Bei Stoffen wird grundsätzlich zwischen Maschenware und Gewebe unterschieden. Während Maschenware, wie der Name schon sagt, aus einem einzigen Faden besteht, der in Maschen gelegt zu einem Stoff wird (beispielsweise gestrickt), werden bei gewebten Stoffen mehrere Fäden miteinander verwoben. Die Fäden liegen dabei in zwei Richtungen: Die Fäden, die fest im Webstuhl eingespannt sind und von oben nach unten verlaufen, werden als **Kettfäden** (im Schaubild dunkelbraun) bezeichnet. Die horizontal verlaufenden Fäden nennt man **Schussfäden** (im Schaubild beige), da sie in einem bestimmten Muster zwischen die Kettfäden „geschossen" werden.

Bindungsarten bezeichnen die Art und Weise, wie Kett- und Schussfäden miteinander verwoben sind, also in welchem Muster die Schussfäden über bzw. unter den Kettfäden verlaufen.

Die **Leinwandbindung** ist die einfachste der drei Bindungsarten. Hier laufen die Schussfäden abwechselnd über und unter den Kettfäden. „Ein drunter, ein drüber." In der nächsten Zeile wird das Muster um eins versetzt, d. h. es beginnt nun mit „ein drüber, ein drunter". Dadurch entsteht ein recht festes und stabiles Gewebe. Dabei gilt: je dichter die Fäden, desto robuster der Stoff. Wie der Name schon sagt, wird die Leinwandbindung häufig für Leinen und andere robuste Stoffe, so. z. B. auch Baumwolle, genutzt.

Bei der **Köperbindung** läuft der Schussfaden immer über zwei Kettfäden, dann unter einem, dann wieder über zwei und wieder unter einem, usw. Dieses Muster wird in der nächsten Zeile um eins versetzt. Dadurch entstehen die charakteristischen „Diagonalrillen". Ein in Köperbindung gewebter Stoff ist nicht so robust und steif wie eine Leinwandbindung.

Bei der **Atlasbindung** läuft ein Stoff über mehrere Kettfäden und dann unter einem, anschließend wieder über mehrere, etc. Dieses Muster wird in der nächsten Zeile um mehrere versetzt. Durch diese Bindungsart entsteht ein Stoff mit zwei verschiedenen Seiten. Auf der rechten Seite überwiegen die Schussfäden, auf der Linken die Kettfäden. Dadurch ist die rechte Seite glänzend, während die Linke eher stumpf wirkt. Die Atlasbindung ist am wenigsten strapazierfähig und wird häufig genutzt, um fließende Gewebe zu erzeugen.

Eine Sonderform der Atlasbindung, ist der **Damast**. Durch das gezielte Steuern der Schussfäden werden Muster eingewebt. So häufen sich (von rechts betrachtet) nun an manchen Stellen die Schussfäden, an anderen die Kettfäden. Das Muster ist dabei immer auf der einen Seite postitiv, auf der anderen negativ. Damast kann in einfarbig oder zweifarbig gewebt werden.

Brokat ist eine andere Sonderform der Atlasbindung, bei der mit mehreren Farben gewebt wird. Wird eine Farbe nicht genutzt, so läuft sie auf der Rückseite mit und tritt nicht zwischendurch auf die Vorderseite. Brokatstoffe haben daher eine eindeutige Vorder- und Rückseite. Die aufwendige Technik findet sich bei hochwertigen Seidenstoffen.

FASERN

Neben den Bindungsarten dienen vor allem die Fasern zur Unterscheidung einzelner Stoffe. Grundsätzlich kann zwischen drei Arten von Fasern unterschieden werden: **pflanzliche**, **tierische** und **synthetische** – wobei synthetische Stoffe für authentische historische Näharbeiten des 19. Jahrhunderts unbrauchbar sind, da sie erst im 20. Jahrhundert erfunden/entdeckt wurden.

Leinen wird aus der Flachspflanze gewonnen und ist eine der ältesten im europäischen Raum bekannten Fasern. Die Pflanze wird in mehreren Schritten verarbeitet, bis aus dem Stängel eine weiche Faser gewonnen wird, die blondem Haar ähnelt.
Leinenstoffe sind recht robust und haben die Eigenschaft, Feuchtigkeit gut aufzunehmen und zu halten. Leinen wurde daher in erster Linie für Unterwäsche genutzt.

Baumwolle wird aus der Baumwollpflanze gewonnen, die hauptsächlich in wärmerem Klima wächst. Anfang des 19. Jahrhunderts wurde die Einfuhr dieses Stoffes in weiten Teilen Europas verboten, um die heimische Leinenproduktion zu schützen. Die beliebte neue Faser setzte sich letztendlich aber doch durch, da sie im Gegensatz zu Leinen Feuchtigkeit nicht so stark hält und nicht so schnell klamm wird.

Wolle ist wohl der älteste im europäischen Raum gebräuchliche Rohstoff für Textilien. Aus der Wolle von Schafen oder Ziegen gewonnen ist der Stoff besonders im Winter sehr warm und strapazierfähig und wurde daher in der Regel für Oberbekleidung im Alltag verwendet.

Seide wird aus den Kokons der Seidenraupe bzw. des Maulbeerspinners gewonnen. Hierzu werden die Kokons, sobald sich die Raupe verpuppt hat, in kochendes Wasser geworfen, um die Larve abzutöten. Anschließend wird der eine Faden, aus dem der ganze Kokon besteht, abgewickelt. Die Raupen werden bei der klassischen Produktion getötet, um ein Ausbrechen der Motte zu vehindern, da dies den wertvollen Faden zerstören würde.
Bei **Dupion- und Wildseide** lässt man die Motte zuvor schlüpfen. Dupionseide weist charakteristische Buckel auf. Seide dieser Art wurde bei historischen Originalen des 19. Jahrhunderts nicht gefunden – Dupionseide und andere moderne, umweltfreundlichere Seidenarten sind daher historisch vermutlich nicht authentisch.
Seide wurde aufgrund ihrer edlen, glänzenden Optik und der Tatsache, dass sie Farbe sehr gut annimmt, häufig in allen Bereichen der Oberbekleidung genutzt. Allerdings hat Seide auch Nachteile – so kann sie z. B. beim Waschen den Stand verlieren.

Bei künstlich hergestellten Stoffen unterscheidet man zwischen **zellulosischen** und **synthetischen Fasern**. Stoffe wie z. B. **Viskose**, Acetat oder Modal werden aus Zellulose, also Holz gewonnen. Dieser natürliche Rohstoff muss allerdings für die Verarbeitung zu Stoff chemisch verändert werden. Zwar wurde bereits im 17. Jahrhundert mit diesem Verfahren experimentiert, gebräuchlich wurden die Stoffe aber erst im 20. Jahrhundert. Sie sind somit für Kostüme mit historisch authentischem Anspruch unbrauchbar.

Auf der anderen Seite stehen gänzlich **synthetisch hergestellte Stoffe**. Hier werden Rohstoffe wie Erdöl, Kohle und Erdgas chemisch verändert, sodass daraus textile Fasern entstehen. Heute gibt es allerdings auch Polyesterstoffe, die aus recyceltem Kunststoff bestehen (z. B. PET-Flaschen).
Beispiele für synthetische Stoffe sind **Polyester**, Elastan, oder Polyacryl. Synthetische Fasern haben insofern einen Nachteil, als dass sie keine Flüssigkeit aufnehmen – man schwitzt schneller. Außerdem sind sie natürlich für historisch authentische Kleider nicht zu verwenden, da sie nicht vor der zweiten Hälfte des 20. Jahrhunderts populär wurden.

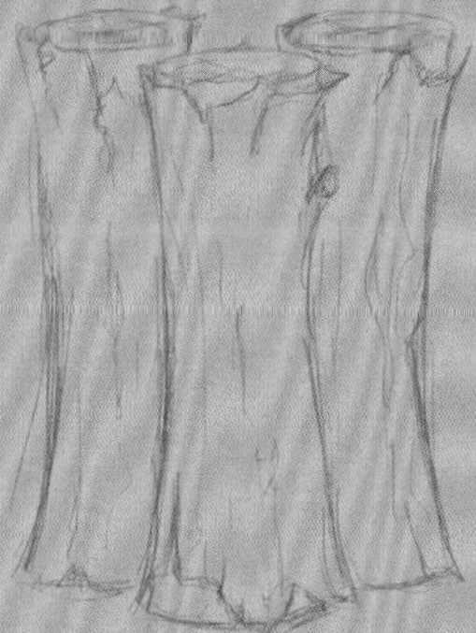

Im Grunde lassen sich alle Stoffe über ihre Bindungsart und die zugrunde liegende Faser definieren und bennenen. Es gibt allerdings einige Bezeichnungen, über die man beim (historischen) Nähen öfter „stolpern" kann. Einige der häufigsten Begriffe sind im Folgenden kurz erklärt.

Coutil bezeichnet einen sehr eng gewebten Köper-Stoff. Er ist durch die feine Webweise recht fest und nicht dehnbar. Aufgrund dieser Eigenschaft eignet sich Coutil sehr gut für Korsetts – Kleidungsstücke, die den Körper in eine bestimmte Form drücken sollen und dementsprechend diesem nicht nachgeben dürfen.

Samt ist ein leinwand- oder köperbindiges Gewebe, dessen Oberfläche nach dem Weben angeraut wurde. Dadurch entsteht die weiche, „flauschige" Haptik. Samt gibt es aus Baumwolle, Seide und Polyester.

Taft beschreibt zumeist aus Seide (Seidentaft) oder Polyesterstoffen in Seidenoptik (Polyestertaft) gefertigte Stoffe in einer dichten Leinwandbindung. Taft ist recht steif und „raschelt". Taftstoffe haben eine glänzende Oberfläche und eignen sich besonders gut für historische Ball-/Abendkleidung.

Satin beschreibt wie Taft meist Seidenstoffe (Seidensatin) oder Polyester in Seidenoptik (Polyestersatin). Anders als Taft ist Satin allerdings in Atlasbindung gewebt. Satin fällt daher wesentlich weicher als Taft. Er hat ebenfalls eine glänzende Oberfläche und eignet sich für historische Ballkleidung.

Buckram oder Steifleinen ist ein Stoff, der versteift wurde. Das Material fühlt sich eher an wie ein festes Plastikgewebe, als wie Stoff. Buckram wird für die Herstellung von Hüten gebraucht. Der Hutrohling aus dem steifen Material wird anschließend mit Stoff bezogen.

Chiffon ist ein sehr weicher, meist aus Seide oder Chemiofaser in Seidenoptik gewebter Stoff. Charakteristisch ist die raue bzw. unregelmäßige Oberfläche, die durch gedrehte Fäden entsteht. Chiffon ist sehr leicht und hat einen weichen Griff.

Jersey ist ein gestrickter oder gewirkter, elastischer Stoff aus Viskose, Baumwolle, Wolle oder Mischgarnen. Aufgrund der Elastizität ist er für historische Mode – egal ob mit authentischem Anspruch oder nicht – unbrauchbar.

Die A-Frage

Die unter Kostümschneidern häufig diskutierte „berühmte" A-Frage ist die Frage danach, wie authentisch, also wie historisch korrekt ein Kostüm sein muss.

Auf diese Frage gibt es vermutlich hundert mögliche Antworten, fest steht aber, dass der historische Anspruch oft im eigenen Ermessen des Kostüm-Schneiders liegt. Die Frage ist deshalb erst einmal, was ist dir persönlich wichtig? Was möchtest du mit dem Kostüm erreichen? Für welchen Anlass nähst du und wie wichtig ist dir selbst die historisch korrekte Umsetzung?

Im Grunde gibt es hier zwei Extreme: Auf der einen Seite steht die historisch korrekte Anfertigung von Kleidern aus historisch belegten Materialien mit historisch belegten Mitteln und Techniken. Gerade am Anfang dieses Hobbys ist das aber oft entweder nicht möglich oder auch gar nicht gewünscht.

Um es „nur mal auszuprobieren" würde man wahrscheinlich nicht gleich zu historisch korrekten Seidenstoffen greifen (die sind für unter 20 Euro pro Meter in der Regel nicht zu haben und eine Tournüre beispielsweise verbraucht gut 10 Meter Stoff). Historisch korrekt wäre es auch, für alle Epochen vor dem Biedermeier ausschließlich mit der Hand zu nähen. Manch einem ist dies vielleicht schlicht zu zeitaufwendig und man beschränkt sich darauf, nur die sichtbaren Nähte mit der Hand zu nähen oder gar das ganze Kleid an der Maschine anzufertigen.

Neben dem finanziellen Aspekt spielt auch die Frage nach dem Zweck bzw. Anlass des Kostüms eine Rolle. Möchtest du mit deinem Kostüm historische Ereignisse nachspielen, also an einer sogenannten „Reenactment-Veranstaltung" teilnehmen, oder nur ein schönes Kostüm für die nächste Halloweenparty oder ein Theaterstück anfertigen? Bei Letzteren verzeiht man Kompromisse vermutlich schneller. Ist aber der Zweck des Kostüms, historische Tatsachen darzustellen, so steigt auch der Anspruch an die Authentizität – auch und gerade im Umfeld.

Im Großen und Ganzen muss man selbst entscheiden, wo man Kompromisse schließen will – dabei gilt aber immer (gerade im Kontakt mit anderen Kostümnähern), zu dem zu stehen, was man tut und Kompromisse offen zuzugeben.

Erfindung der

1790 1830 1846

Der Engländer **Thomas Saint** entwickelt die erste funktionstüchtige Nähmaschine. Sie ist gänzlich aus Holz gebaut und für Schuhmacher entwickelt.

Der erste Nähmaschinenfabrikant **Barthélemy Thimonnier** erfindet das Modell „Cosseuse". Hierbei handelt es sich um eine Maschine, die mit einer flachen Nadel einen Kettenstich näht.

Thimonniers Geschäft scheitert an zwei Dingen: Auf der einen Seite steht die Schneidergilde den Maschinen skeptisch gegenüber. Angeblich stürmen 1831 200 wütende Schneider sein Geschäft und zersören alle seine Maschinen.

Auf der anderen Seite kommt Thimonnier mit der Entfernung zu seiner Familie nicht klar. Er verlässt schließlich Paris und sein Geschäft.

Der Erfinder der „modernen" Nähmaschine **Elias Howe** hört in einem Geschäft den Satz: „Wer immer eine Maschine erfände, die näht, der würde ein Vermögen machen." Dies bringt den verarmten Mechaniker dazu, eine ebensolche Maschine zu entwickeln. Howe allerdings schafft es nicht, den funktionstüchtigen Prototypen zu verkaufen. Den Herstellern scheinen die verlangten 300 Dollar zu teuer und außerdem fürchten sie den Widerstand der Scheidergilde. Schließlich verlässt Howe die USA und geht nach England, wo er sich bessere Chancen ausrechnet. Seine Maschine verkauft er an seinen Bruder, der sie ihm mit einem Patentversprechen abnimmt.

Die ersten Nähmaschinen haben noch kein Fußpedal, sondern werden mit einer Handkurbel angetrieben, die direkt am Handrad angebracht ist.

Nähmaschine

1851 1889

Als Howe einige Jahre später ärmer als zuvor nach Amerika zurückkehrt, muss er feststellen, dass in seiner Abwesenheit eine andere Nähmaschine bereits den Markt erobert hat.
Isaac M. Singer gelang es innerhalb von elf Tagen für nur 40 Dollar Materialkosten eine zur Reperatur gegebene Howe Maschine so zu verbessern, dass sie markttauglich wurde. Die Singer Nr. 1 ist allerdings zu großen Teilen ein Nachbau von Howes Maschine. Howe klagt gegen Singer und bekommt Recht – bis zu dessen Lebensende muss Singer Lizenzerlöse an Howe zahlen, der so doch noch zu einem reichen Mann wird.
Neben der Verbesserung der eigentlichen Maschine sind I. M. Singer und sein neugegründetes Unternehmen auch die „Erfinder" der Ratenzahlung. Dieses neue Prinzip macht die Nähmaschine für viele erschwinglich und so wird Singer innerhalb von wenigen Jahren Weltmarktführer.

Die erste elektrische Nähmaschine wird im Hause Singer erfunden.

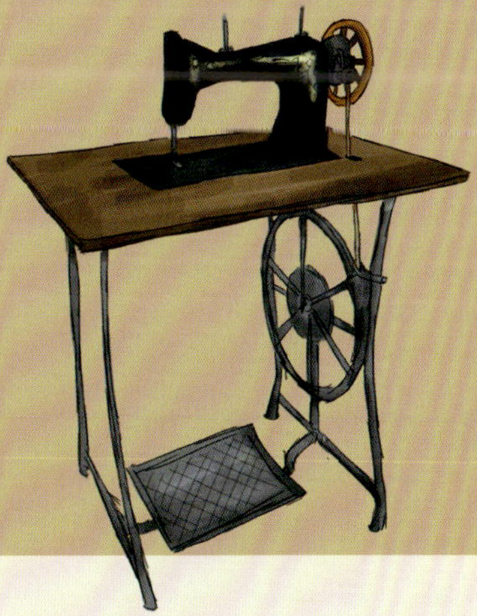

Später werden die Maschinen mit einem Keilriemen ausgestattet, der das Handrad mit einem Fußpedal verbindet. Nun hat man beim Nähen beide Hände zur Verfügung, das Heben und Senken der Nadel (die Stiche) wird durch das Pedal gesteuert.

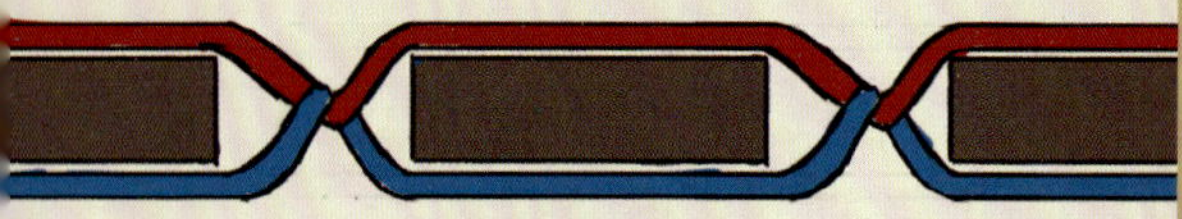

FUNKTION EINER NÄHMASCHINE

Eine moderne Nähmaschine näht mit zwei Fäden: einem Unterfaden (blau dargestellt) und einem Oberfaden (rot dargestellt). Der Unterfaden befindet sich auf einer kleinen Spule unter der Stichplatte im Inneren der Nähmaschine. Das Spulenfach ist während des Nähens geschlossen, kann aber natürlich geöffnet werden, um die Spule auszutauschen.

Der Oberfaden wird von einer Garnrolle abgewickelt, die auf einer Halterung oben auf der Nähmaschine sitzt. Er wird durch verschiedene Punkte an der Nähmaschine geführt und endet schließlich in der Nadel, deren Öhr an der Spitze sitzt. Die Nadel ist senkrecht mit Spitze nach unten in die Maschine eingespannt.

Eine Naht entsteht nun, indem Ober- und Unterfaden bei jedem Stich miteinander verschlungen werden. Bei idealer Fadenspannung liegt diese Verschlingung genau in der Mitte des Einstichloches, ist also nicht sichtbar. Hier ist ein Querschnitt einer einfachen Maschinennaht gezeigt. Die Nadel sticht in gleichmäßigem Abstand immer wieder durch den Stoff und bringt so den Oberfaden unter die Stichplatte. Dann legt sich der Unterfaden darum und die Nadel wird samt Oberfaden wieder hochgezogen. Wie genau diese Verschlingung funktioniert, variiert je nach Maschinentyp.

Maschinenstiche

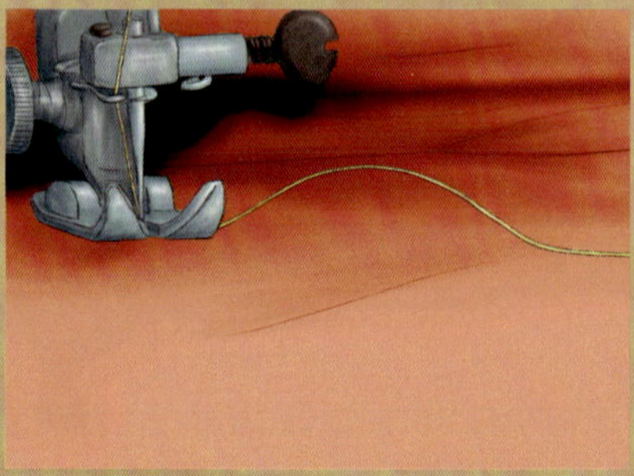

Handstiche

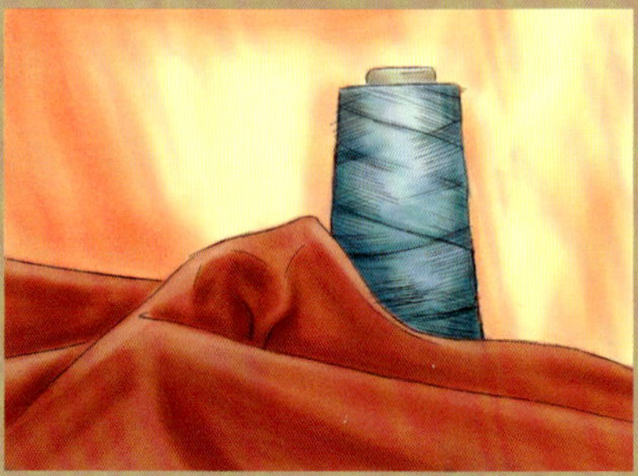

Bei einem **Maschinensteppstich** wird die Nadel immer in der Mitte eingestochen. Alle Stiche sind auf derselben Höhe. Der Abstand kann variiert werden. So entsteht eine relativ gerade Naht.

Der **Zickzackstich** ist eigentlich eine Variation des Steppstiches, bei dem die Nadelposition verändert wird. Statt wie beim Steppstich immer in der Mitte einzustechen, springt die Nadel Stich um Stich von links nach rechts. So entsteht ein Zick-Zack-Muster. Der Zickzackstich eignet sich besonders dazu, Kanten zu versäubern, sie also vor dem Ausfransen zu schützen. Dazu platziert man den Stoff so, dass eine Einstich-Postition (in der Regel rechts) neben dem Stoff liegt. D. h. die Nadel sticht nun immer abwechselnd in den Stoff und daneben.

Der **Heft- oder Vorstich** ist wohl der einfachste Handstich. Wie der Name schon sagt, wird er genutzt, um zwei Stoffe aneinander zu heften, sodass sie, während man die echte Naht näht, nicht verrutschen.

Eine robuste Handnaht bildet der **Steppstich**. Hierbei wird die Nadel nach einem Stich wieder an den Ansatzpunkt des letzten Stiches gesetzt. Man geht also immer (auf der rechten Seite) 1 zurück, (auf der linken Seite) 2 vor. Der Steppstich hat daher eine eindeutige linke und rechte Seite. Rechts sitzen die Stiche ordentlich nebeneinander, sie bilden eine Linie. Links sind sie länger und überlappen einander. Steppstich und Maschinensteppstich sehen von rechts gleich aus, auch wenn sie unterschiedlich funktionieren.

Einen unsichtbaren Saum kann man nähen, wenn man den **überwendlichen Stich** oder **Hohlsaumstich** verwendet. Dafür wird die Stoffkante erst doppelt umgeschlagen. Nun sticht man auf der linken Seite des Stoffstückes spiralförmig durch die umgeschlagene Kante und einige wenige Fäden des Oberstoffes. Von rechts betrachtet ist die Naht, sollte man Garn in derselben Farbe verwenden, nicht zu sehen.

FALTEN

Epochen wie die Tournürenzeit zeichnen sich neben der charakteristischen Silhouette vor allem durch reich verzierte Kleider aus. Die vermutlich häufigste Form der Verzierung bzw. Applikation sind Faltenbahnen. Faltenbahnen verbrauchen viel Stoff. Deshalb braucht man für eine reich verzierte Tournüre auch etwa genauso viel Stoff wie für ein Krinolinenkleid, obwohl der Rock an sich weniger Weite hat. Generell gilt: Für eine Faltenbahn wird die dreifache Länge an Stoff benötigt. D. h. nutzt man ein 3 Meter langes Stoffband zum Falten wird daraus nur eine 1 Meter lange Faltenbahn.

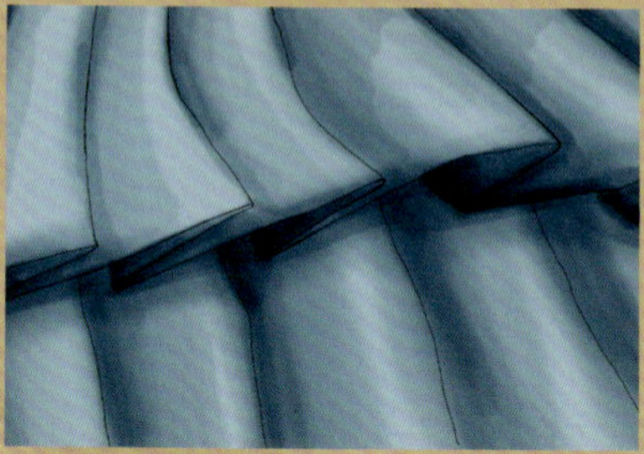

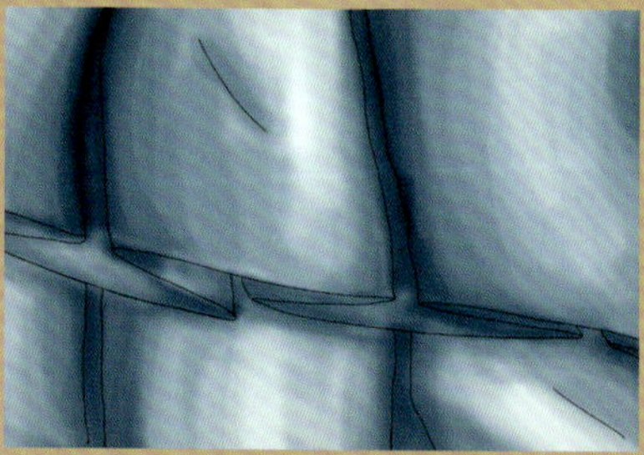

Liegen die Falten alle in derselben Richtung, so spricht man von **Messerfalten**. Für eine Messerfaltenbahn mit einer Faltenbreite von 1 Zentimeter lässt man den Stoff zunächst für 1 Zentimeter nach rechts laufen und schlägt ihn dann nach hinten um. Nun läuft der Stoff auf der Rückseite der Faltenbahn für 1 Zentimeter nach links (rückwärts) und wird anschließend wieder gefaltet, sodass er wieder nach rechts läuft. Nach 2 Zentimetern wiederholt man den Knick nach hinten.

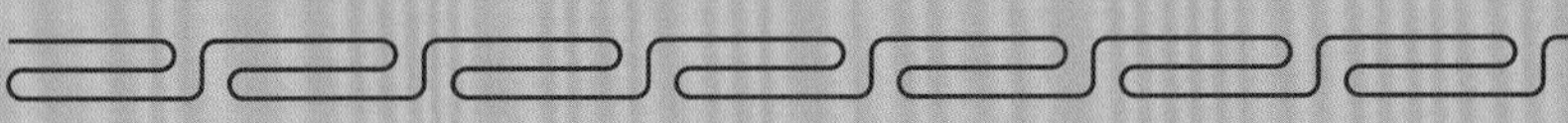

Für **Kellerfalten** wird der Stoff erst in die eine Richtung gefaltet, dann in die andere. Für eine Kellerfaltenbahn mit einer Faltenbreite von 2 Zentimetern lässt man den Stoff erst einmal für 2 Zentimeter laufen und schlägt ihn dann nach hinten um. Der Stoff läuft nun für 1 Zentimeter nach links (rückwärts) auf der Rückseite der Faltenbahn. Dann wird er wieder geknickt, sodass er wieder nach rechts läuft. Der nächste Knick folgt nach weiteren 2 Zentimetern, dieses Mal nach oben. Der Stoff läuft jetzt für 1 Zentimeter nach links (rückwärts) und wird dort wieder nach rechts geknickt. Beide Faltkanten liegen nun aneinander.

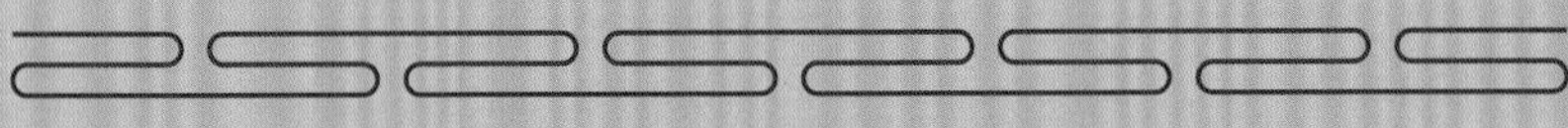

RÜSCHEN

Rüschen sind eine Sonderform von Faltenbahnen. Auch hier wird im Endeffekt der Stoff geknickt, aber auf eine andere Art und Weise.

Rüschen entstehen, wenn man eine bestimmte Stoffbreite/-länge auf einen zu kurzen Faden zieht. Je länger der Stoff und je kürzer der Faden, desto dichter werden die Rüschen. Daher varriiert die benötigte Stoffbreite für eine Rüschenbahn, je nachdem, wie dicht die Rüschen werden sollen.

Um eine Stoffbahn zu rüschen, näht man zunächst zwei parallele, gerade Linien auf. Theoretisch reicht für das Rüschen eine Naht, die zweite dient nur der Sicherheit, denn wenn der Faden reißt, kann man von vorn beginnen. Für die Nähte sollte man möglichst große Stiche wählen.

Hat man beide Nähte genäht, so nimmt man an einem Ende der Stoffbahn entweder beide Oberfäden oder beide Unterfäden der zwei Nähte in die Hand. Nun schiebt man den Stoff in die entgegengesetzte Richtung. Man zieht hierbei einen Faden (Ober- oder Unterfaden) aus dem Stoff, verkürzt also die Länge des Fadens, der auf den Stoff genäht wurde. Wenn die erwünschte Rüschendichte erreicht ist, werden Unter- und Oberfaden miteinander verknotet.

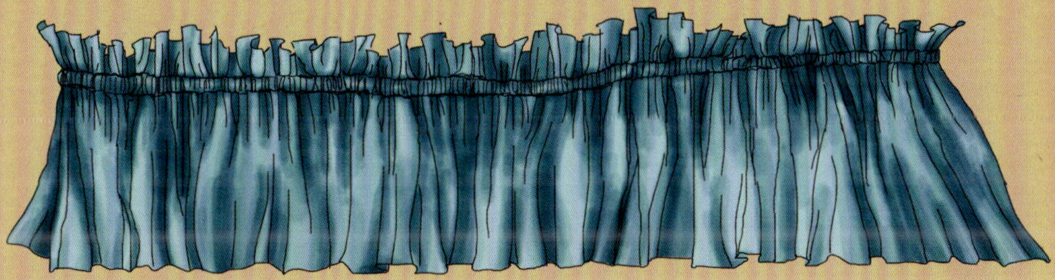

Versteifung

Neben Stoffen und Fäden gibt es eine Reihe von Sondermaterialien, die für historische Näharbeiten benötigt werden. Eine Gruppe bildet die sogenannte „Versteifung" (engl. Boning). Hiermit sind feste, steife Materialien gemeint, die in Taillen und vor allem in Korsetts eingenäht werden, um diesen die nötige Stabilität zu verleihen. Die Stäbe liegen hierbei in sogenannten „Tunneln".

Die Versteifung eines Kleidungsstücks sorgt dafür, dass dieses im getragenen Zustand seine Form behält und den Körper in die gewünschte Silhouette drückt bzw. die Haltung unterstützt.

Korsetts waren im gesamten 19. Jahrhundert (abgesehen vom Empire) – in welcher Form auch immer – ein fester Bestandteil der Mode. Sie geben dem Körper die gewünschte Silhouette und sorgen außerdem dafür, dass das Gewicht der Kleidung (Röcke) sich gleichmäßig verteilt. Damit ein Korsett dieses bewerkstelligen kann, sind vertikale Stäbe eingenäht. (Der genaue Verlauf der Stäbe variiert je nach Epoche und Form des Korsetts).

Im 19. Jahrhundert wurde für diese Versteifung sogenanntes „Fischbein" verwendet – dieses Material ist heute nicht mehr zu bekommen und außerdem ökologisch nicht vertretbar, da die exzessive Nutzung fast zur Ausrottung der Bartenwale geführt hat. Die Versteifung ist damit wohl der einzige Aspekt, bei dem selbst der anspruchsvollste Reenactor Kompromisse schließt.

Heute gibt es mehrere Alternativen zu Fischbein, die im Folgenden aufgeführt sind.

Fischbein ist, anders als der Name vielleicht vermuten lässt, weder ein Knochen (altdeutsch = „bein") noch hat es irgendetwas mit Fischen zu tun. Fischbein wird aus den „Barten", der Bartenwale (z. B. Blauwale, Buckelwale, Finnwale) gewonnen. Dabei handelt es sich um faserige, längliche Platten aus Horn, die sich im Maul des Wales befinden und der Nahrungsaufnahme dienen. Das stabile, aber dennoch flexible Material wurde für die Weiterverarbeitung in Korsetts oder anderen Kleidungsstücken in flache Stäbe der gewünschten Breite und Länge geschnitten. Da bis zur Erfindung des Federstahls Mitte des 19. Jahrhunderts kaum ein Material dieselben Eigenschaften besaß, führte die exzessive Nutzung fast zur Ausrottung der Bartenwale.

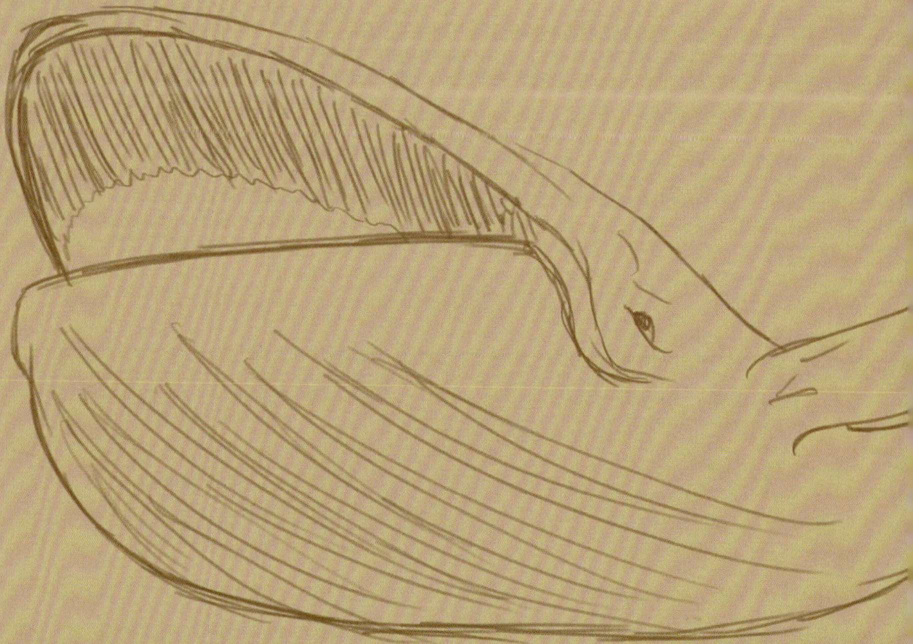

Federstahl (engl. Spring Steel) wird Mitte des 19. Jahrhunderts erfunden und setzt sich vor allem für den Bau von Krinolinen schnell durch.
Federstahl ist wohl die Alternative, die Fischbein von den Eigenschaften her am nächsten kommt – er ist stabil, aber dennoch recht flexibel. Das flache Stahlband lässt sich nach vorne und hinten drücken, jedoch nicht seitwärts verbiegen, was es für Korsetts und Reifröcke ideal macht. Außerdem wird Stahl – anders als etwa Plastik – nicht weich und kann daher nicht knicken oder gar brechen. Federstahl gibt es in zwei Größen: 5 Millimeter und 10 Millimeter breit. Der Stahl ist mit Plastik ummantelt, damit er den Stoff nicht aufreißt.

Spiralfederstahl besteht, wie der Name schon sagt, aus flach gedrückten Stahlspiralen. Anders als das Stahlband ist dieser auch nach links und rechts flexibel und eignet sich daher gut, um gebogene Nähte z. B. an Taillen zu versteifen. Für Korsetts und Schnürungen ist er weniger gut geeignet, da er dem Zug nachgeben würde.

Plastikfischbein wird häufig auch in modernen Abendkleidern verwendet, um der Korsage ein bisschen Festigkeit zu verleihen. Anders als Stahl brauchen Plastikstäbchen keine Endkappen, da sie sich nicht so schnell durch den Stoff reiben.
Allerdings kann Plastikfischbein schneller der Materialermüdung zum Opfer fallen. Gerade wenn der Zug (wie bei Korsetts) immer auf derselben Stelle lastet, kann Plastik irgendwann nachgeben und knicken oder gar brechen. Das wiederum drückt ins Fleisch und ist sehr unangenehm zu tragen. Außerdem kann das Kleidungsstück seiner Funktion – den Körper zu formen – dann nicht mehr nachkommen. Es kann also passieren, dass man Plasikstäbe häufiger austauschen muss. Allerdings sind Plasikstäbe wohl von allen Versteifungsformen am einfachsten zu bekommen – in Form von Kabelbindern, die man im Baumarkt findet. Stahl und andere Varianten sind meist nur über Spezialgeschäfte im Internet zu beziehen.

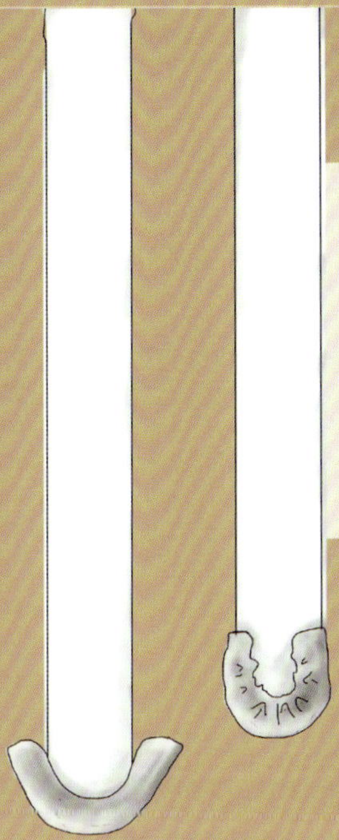

Sowohl Spiralfederstahl als auch Stahlband haben scharfkantige Enden, die den Tunnel beschädigen können. Um dies zu verhindern werden **Endkappen** darauf gesteckt. (Eine Alternative ist, die Enden in Lack zu tauchen.)

Diese Stickerei am Tunnelabschluss nennt sich **Flossing** und dient nicht nur der Zierde, sondern soll vor allem verhindern, dass sich der Stahl durch das Tunnelende reibt. Er ist häufig an den Enden von Korsetttunneln zu finden.

Verschlüsse

KNÖPFE

Die häufigste Verschlussart der Kleider des 19. Jahrhunderts sind Knöpfe. Vor allem in der Viktorianischen Ära werden Tagestaillen am häufigsten mit langen Knopfleisten in der vorderen Mitte verschlossen – in der späten Tournürenzeit gerne auch mit Doppelknopfreihen. Die Knopfleisten bestehen hierbei meist aus 10 bis 20 Köpfen, in der Küraß-Mode durchaus sogar mehr. Die Knopfgröße variiert, Knöpfe sind aber in der Regel mit einem Durchmesser von circa 8 Millimetern recht klein.

Knöpfe können aus allen erdenklichen Matrialien gefertigt sein. Metall, Holz, Horn, Elfenbein, etc. Am häufigsten allerdings sind gerade bei Tageskleidern mit Stoff bezogene Knöpfe. Sie sind oft mit demselben Stoff bezogen, aus dem das Kleid gefertigt ist.

Bezogene Knöpfe sind recht simpel zu reproduzieren und eignen sich daher sehr gut für historische Kostüme. Der zu beziehende Knopf kann hier alles sein, was die richtige Form und Größe hat. Kleine Scheiben oder Wäscheknöpfe. Diese müssen nicht gleich aussehen, solange sie dieselbe Größe haben. Zum Beziehen schneidet man einen Kreis aus dem Stoff, der größer als der Knopf ist. Anschließend wird dieser Kreis um den Knopf herumgeklappt und mit einem Faden immer wieder sternförmig festgenäht, bis man eine Art Bündel hat, in dessen Mitte der Knopf liegt. Dreht man dieses Bündel um, so sieht man einen schön glatt bespannten Knopf. Auf der Rückseite, dort wo die Kante des Stoffkreises zusammengezogen wird, entsteht ein Knubbel, der sich als Knopfschaft nutzen lässt. Man kann den Knopf nun einfach annähen, indem man immer wieder durch diesen Knubbel sticht.

HAKEN UND AUGEN

Vor allem Rockbünde, zum Teil aber auch Oberteile werden mit Haken und Augen verschlossen. Die Rockbünde von Tournürenröcken z. B. werden mit Haken und Augen zusammengehalten, der Schlitz selbst mit Knöpfen. Gerade in der Belle Epoque werden viele Taillen mit Haken und Augen zugemacht.
Die Haken, die wir heute vor allem als BH-Verschlüsse kennen, werden meist einzeln angenäht. In der Belle Epoque werden erstmals vorgefertigte Haken- und Augenbänder produziert.
Das Gegenstück zum Haken wird als „Auge" bezeichnet. Das Auge wird wie der Haken auf den Stoff gelegt und dann festgenäht. Ösen hingegen werden durch den Stoff gestochen.

DAS PLANCHET

Das Planchet wurde 1829 erfunden. Es ist ein Verschluss, der speziell für Korsetts gedacht ist. Das Planchet ermöglicht es, ein Korsett alleine relativ schnell anzuziehen, da es einen einfach zu händelnden Vorderverschluss in das Kleidungsstück bringt. Im 18. Jahrhundert hatten viele Korsetts (damals noch als Schnürleiber oder Schnürbrüste bezeichnet) nur eine Rückenschnürung, die zum Anziehen des Kleidungsstücks komplett geöffnet werden musste. Später kamen Schnürleiber auf, die auch in der vorderen Mitte eine zusätzliche Schnürung hatten. Auch diese musste allerdings zum An- bzw. Ausziehen komplett geöffnet werden. Schnürungen zu öffnen bzw. zu schließen dauert. Das Planchet wiederum lässt sich nach etwas Übung mit nur ein bis zwei Handgriffen rasch schließen.
Eine Korsettschließe besteht aus zwei Stahlstäben. Auf dem einen sind kleine Noppen angebracht, auf dem anderen Ösen. Legt man die beiden Hälften nun übereinander und zieht sie dann auseinander, so greifen die Ösen um die Noppen. Der Verschluss hält sehr fest und lässt sich nur durch neuerliches Gegeneinanderschieben entgegen der Zugrichtung des Korsetts öffnen. Daher ist es beim An- und Ausziehen wichtig, erst die Rückenschnürung des Korsetts zu lockern.
Durch die zu den Seiten unflexiblen Stahlstäbe, auf denen Noppen und Ösen angebracht sind, eignet sich das Planchet perfekt für einen Korsettverschluss, auf dem viel Zug liegt, da es immer auf ganzer Länge verschlossen bleibt und nicht nachgibt.

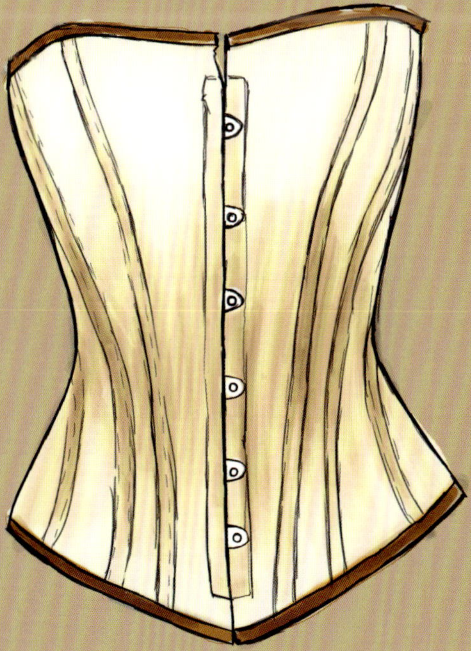

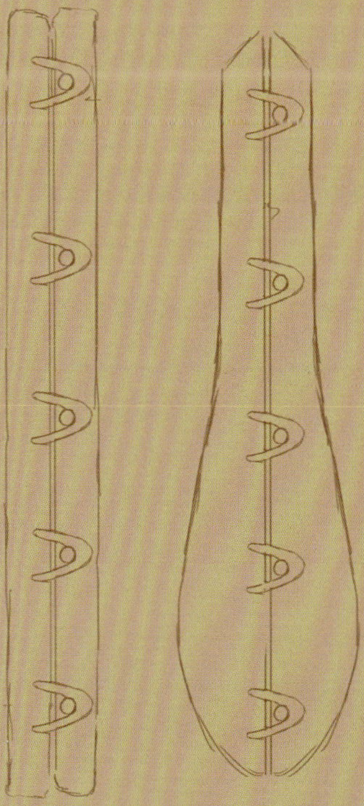

DIE KORSETTSCHNÜRUNG

Eine Korsettschnürung unterscheidet sich in zwei Punkten von einer gewöhnlichen Turnschuhschnürung. Wie auch bei Letzterer wird mit zwei Fadenenden gleichmäßig in zwei entgegengesetzten Spiralen geschnürt. Allerdings wird bei einer richtigen Korsettschnürung die Schnürlücke nicht gekreuzt. Das bedeutet, würde man das Korsett zusammenziehen, sodass keine Lücke mehr übrig bleibt, so stoßen beide Kanten aufeinander, ohne dass ein Faden dazwischen klemmt und unterwegs die Seite wechselt. Ein Faden, der von unten nach oben durch das letzte Loch gesteckt wurde, wird im nächsten von oben nach unten verlaufen, dann wieder von unten nach oben. Er sticht nicht – wie bei einer Turnschuhschnürung – in jede Öse von oben nach unten.

Die zweite Besonderheit liegt in den Schlaufen in Taillenhöhe. Diese dienen dazu, das Korsett zu schnüren, sprich die Taillenweite zu verringern. Hierzu wechseln die beiden Fadenenden auf Taillenhöhe einmal nicht die Seiten, sondern stechen auf der jeweils selben Seite, nachdem sie von unten kommen, einmal von oben wieder in die darunter liegende Öse ein. Anschließend wird die gesamte Länge des Fadens nach altem Muster weiter geschnürt und am Ende verknotet. Wichtig ist hierbei, den Knoten wirklich erst am Ende des Fadens zu machen und nicht so, dass die Schnürung „zu" ist. Die überschüssige Länge wird nun in die Schlaufen auf Taillenhöhe gezogen. Nun kann man das Korsett anziehen. Wenn das Planchet geschlossen ist, wird an den Schlaufen gezogen. Die Lage auf Taillenhöhe hat den Effekt, dass hier, an der schmalsten Stelle des Oberkörpers, auch die meiste Weite aus der Schnürung verschwindet. Die Schnürung wird dann durch Ziehen an den anderen Überkreuzungen justiert.

richtig

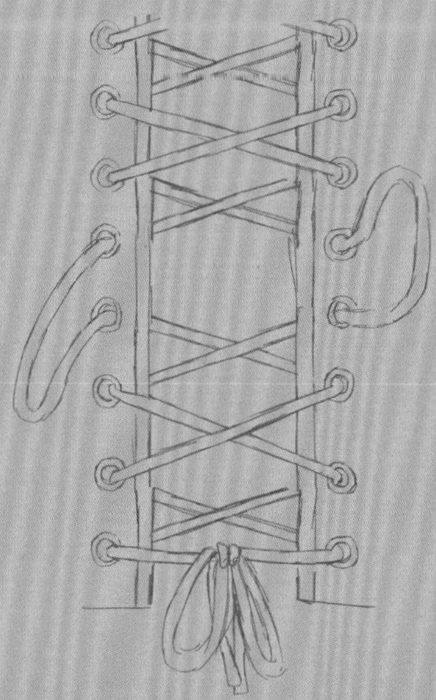

falsch

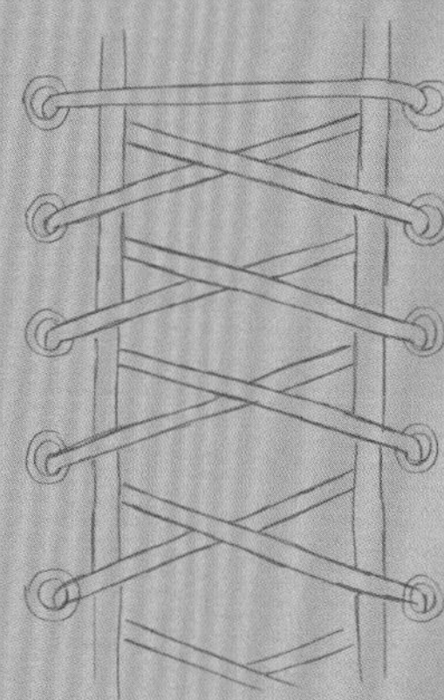

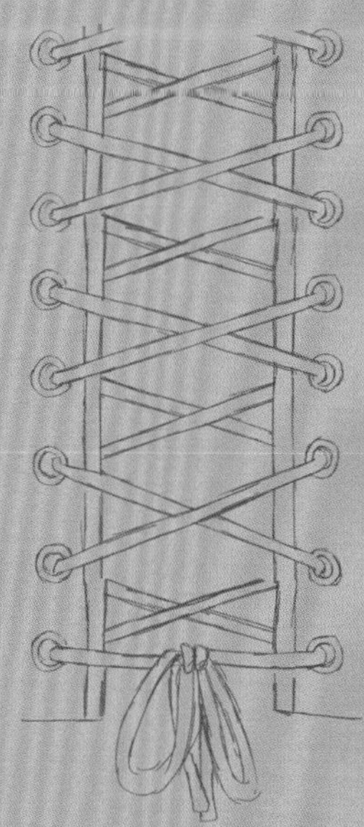

Die **Ösen** sind auf jeder Seite von jeweils zwei Stahlstäben umgeben. Diese Stäbe sollen verhindern, dass der Zug der Schnürung nur an einigen Punkten (den Ösen) auftritt und dafür sorgen, dass er sich auf die ganze Schnürkante gleichmäßig verteilt. Deshalb sollte hierfür auch kein Spiralstahl verwendet werden, da dieser zu flexibel ist. Spiralstahl lässt sich auch nach links und rechts verbiegen und würde daher keine gleichmäßie Kante erzeugen, wie sie für eine Korsettschnürung nötig ist.
Bei einem maßgeschneiderten Korsett, das optimal passt, stehen die Kanten in geschnürter Form parallel, d. h. die Lücke ist an allen Stellen gleich breit.

Um einen Stoff mit Ösen zu versehen, muss zuerst ein Loch in diesen geschnitten werden. Neben dem wirklichen Ausstanzen des Stoffes gibt es aber die Möglichkeit, den Stoff nur mittels einer Ahle zu dehnen. Die Ahle wird gewissermaßen zwischen den Fäden des Stoffes platziert und dehnt die Bindung hier auseinander, sodass ein Loch entsteht, ohne dass der Stoff wirklich beschädigt wird. Ösen selbst gibt es in zwei verschiedenen Varianten: als Metallöse oder mit der Hand umstickt.

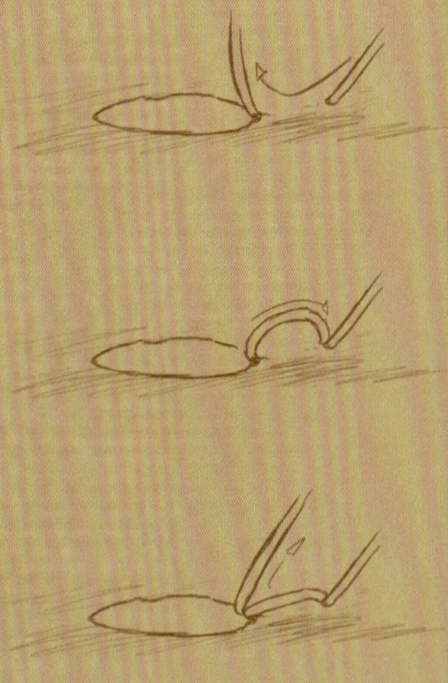

Metallösen gibt es in mehreren verschiedenen Größen. Die hier verwendete 5-Millimeter-Öse besteht aus zwei Teilen: dem Vorderteil mit einem Schaft und der Rückseite – einer Platte mit einer kleinen Rille. Die Hälfte mit Schaft wird von rechts durch das Loch geschoben, die Scheibe anschließend mit der Rille nach oben hinaufgesteckt. Dann werden die beiden Teile zusammengequetscht, sodass sich das Schaftende in die Rille biegt.

Im 18. und Anfang des 19. Jahrhunderts waren **handgestochene Ösen** üblich. Hier wird das mit der Ahle vorgestochene Loch mit Garn versäubert, indem immer wieder spiralförmig um die Kante gestochen wird.

WEITERFÜHRENDE LITERATUR

Alle in diesem Buch dargestellten Informationen wurden nach bestem Wissen und Gewissen zusammengetragen. Als Informationsquelle dienten dazu verschiedene Sammelbände, Bildbände, Internetblogs und andere Medien, die sich mit dem Thema „Mode des 19. Jahrhunderts" befassen. Natürlich stellt diese Arbeit nur einen Auszug, einen kleinen Einblick in die Welt der Damenmode des 19. Jahrhunderts dar. Für weitere, spezifischere Informationen zum Thema möchte ich daher auf die Literatur verweisen, die mir selbst beim Erstellen dieser Arbeit als Grundlage diente. Zudem möchte ich einige Internetadressen nennen, die weiterführende Artikel zum Thema Modegeschichte und Kostümschneiderei bereitstellen.

Bücher

Eleri Lynn

UNDERWEAR FASHION IN DETAIL

Victoria and Albert Museum (Hg.), South Kensington,
London, UK
V&A Publishing, 2010; Auflage 2014

Bildband mit Fotografien von erhaltenen Originalen im „Victoria and Albert Museum" in London
Sprache: Englisch

Lucy Johnston

NINETEENTH-CENTURY FASHION IN DETAIL

Victoria and Albert Museum (Hg.), South Kensington, London, UK
V&A Publishing, 2005; Auflage 2009

Bildband mit Fotografien von erhaltenen Originalen im „Victoria and Albert Museum" in London.
Sprache: Englisch

Amy de la Hayne & Valerie D. Mendes

THE HOUSE OF WORTH – Portrait of an Archive

Victoria and Albert Museum (Hg.), South Kensington, London, UK
V&A Publishing, 2014

Portrait des „ersten Modelabels", gegründet von Charles Frederick Worth, dem Begründer der Haute Couture
Sprache: Englisch

Akiko Fukai, Tamami Suoh, Miki Iwagami, Reiko Koga, Rie Nii

FASHION – Eine Modegeschichte vom 18. bis 20. Jahrhundert, Band I: 18. und 19. Jahrhundert

Übersetzung aus dem Englischen: Andrea Mayerhofer, Monika Welt
The Kyoto Costume Institute (Hg.), Kyoto
Taschen GmbH, 2002

Bildband des Kyoto Costume Institute mit ausführlichen Erklärungen und Beschreibungen der fotografierten Originale
Sprache: Deutsch

VICTORIAN AND EDWARDIAN FASHIONS FROM „LA MODE ILLUSTRÉE"

edited and with an introduction by Joanne Olian
DOVER PUBLICATONS, INC., Mineola, New York 1998

Sammelband der Modekupfer, die im französischen Modemagazin „La Mode Illustrée" zwischen 1860 und 1914 erschienen
Sprache: Englisch

Christopher Breward

THE CULTURE OF FASHION

Manchester University Press, Manchester, UK 1995

Modegeschichte vom Mittelalter bis ins 20. Jahrhundert
Sprache: Englisch

James Laver

COSTUME & FASHION – A CONCISE HISTORY

Thames & Hudson INC., London, UK
1969; Auflage 1985

Modegeschichte vom Mittelalter bis ins 20. Jahrhundert
Sprache: Englisch

Izabela Pitcher

THE VICTORIAN DRESSMAKER

im Selbstverlag erschienen, Clifton Reynes, UK
2018

Anleitungsbuch zur Herstellung von Damenbekleidung des 19. Jahrhunderts, mit vielen Fotos und Schnitten
Sprache: Englisch

Christine Waidenschlager

MODE – KUNST – WERKE

Michael Imhof Verlag, Berlin
2014

Ausstellungskatalog anlässlich der Wiedereröffnung des Kunstgewerbemuseums am Kulturforum Berlin mit Fotografien erhaltener Kleidung von 1715 bis heute
Sprache: Deutsch

A. Hennrich, M. Hoede, J. Lindner, S. Müller, A. Wandinger

RÜSCHEN

Trachten-Informationszentrum, Benediktbeuern
7. Auflage 2012

Anleitungsbuch zum Herstellen von Rüschen und Verzierungen für Trachten, die auch für die Verzierung vieler Kleider des 19. Jahrhunderts verwendbar sind
Sprache: Deutsch

Janet Arnold

PATTERNS OF FASHION 1: 1660–1860
PATTERNS OF FASHION 2: 1860–1940

MacMillan, London, UK
1982/1989

Anleitungsbücher zur Herstellung von Damenbekleidung der genannten Zeiträume, mit vielen Zeichnungen von Originalen und Schnitten
Sprache: Englisch

Web

WWW.EDWARDIANPROMENADE.COM

Diverse Artikel zur Edwardianischen Ära

WWW.MARQUISE.DE

Diverse Artikel zum Thema Modegeschichte vom Mittelalter bis ins 20. Jahrhundert

WWW.FASHION-ERA.COM

Diverse Artikel zum Thema Modegeschichte des 19. Jahrhunderts

SABINE SCHIERHOFF (KLEIDUNGUM1800.BLOGSPOT.COM)

Diverse Artikel zum Thema Mode um 1800

BLACK SNAIL PATTERNS (PATTERNS.BPLACED.NET/BLOG)

Diverse Artikel zur Mode verschiedener Epochen und Angebot von Kaufschnittmustern

Danksagung

An dieser Stelle ist es Zeit für ein Dankeschön an alle, die dieses Projekt für mich möglich gemacht haben. Das ist zuerst Iris Zwiener, die dieses Buch nach über einem Jahr überraschend aus meinem Schreibtisch zog und durch ihren Rat und ihr Können als Buchgestalterin noch zu „etwas" machte. Danke an Iris und meine Lektorin Erdmute Hufenreuter dafür, dass sie dieses Projekt aufpoliert haben.

Danke an dieser Stelle auch an Laura und die Schreibgruppe WOBBS, die mir immer wieder sagten: „Lass das nicht einfach in der Schublade liegen", und deren Worte mich wohl dazu brachten, meine Bachelorarbeit mit zum Kostümtreffen zu nehmen. Denn dieses Buch war ursprünglich das Abschlussprojekt meines ersten Studiums zur Mediendesignerin. Danke deshalb auch an meine Dozentin Berit Andronis, die uns alle dazu ermutigte, für dieses letzte Projekt ein Thema zu wählen, das uns wirklich am Herzen liegt. Danke also für die großartige Projektbetreuung und für jeden einzelnen Kommentar, der diese Arbeit zu dem werden ließ, was sie ist.

Ich habe mich damals entschieden, über historische Mode zu schreiben, weil ich glaubte, viel über das Thema zu wissen. Immerhin nähe ich seit mehreren Jahren meine eigenen Kleider für die Bühne und für historische Kostümtreffen. Dabei war ich immer froh über jeden einzelnen Fetzen an Information, den ich kriegen konnte. Aber als ich in dieses Hobby einsteigen wollte, hatte ich schlicht gesagt keine Ahnung vom Nähen. Schon gar nicht von historischen Kleidern. Ich habe sie nur bewundert, angestarrt und geträumt: „Das möchte ich auch haben." Ich hätte wohl nie daran gedacht, sie selbst zu schneidern, wäre ich nicht dazu ermutigt worden. Danke deshalb auch dir, Lena, dass du mich einfach in dieses Hobby hineingezogen hast. Danke für all die Stunden in deinem Nähkeller und das Wissen, dass wir gemeinsam gesammelt haben (und natürlich ebenso für all die Bücher, die du mir zur Recherche für dieses Buch zur Verfügung gestellt hast). Hättest du vor sechs Jahren nicht gesagt, ich solle einfach loslegen, dann hätte es dieses Buch wohl auch nicht gegeben.

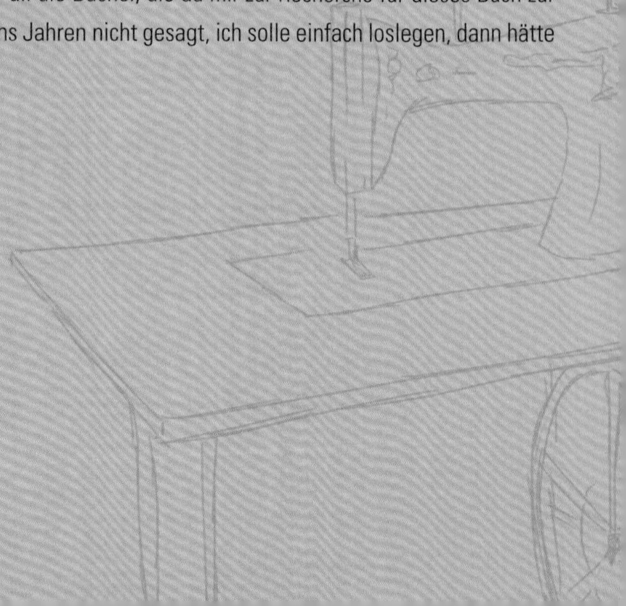

Zur Autorin

Sonja Duska, geb. 1994 in Wolfsburg, entdeckte das Hobby der Kostümschneiderei durch das Theater. Seit mehreren Jahren steht sie im Rahmen der „OnStage – school of musical" auf der Musicalbühne, was ihr die Gelegenheit bot, selbst Kostüme anzufertigen und zu tragen. Was mit reinen Bühnenkostümen begann, wurde schnell zu einem Interesse an historischer Kleidung. So wählte sie das Thema dieses Buches, die Mode des 19. Jahrhunderts, für die Abschlussarbeit ihres Mediendesign-Studiums an der Ostfalia Hochschule für angewandte Wissenschaften in Salzgitter. Heute lebt sie in Hamburg.

2019

Morio Verlag, ein Imprint der mdv Mitteldeutscher Verlag GmbH
www.morio-verlag.de

Gesamtherstellung: Mitteldeutscher Verlag, Halle (Saale)

ISBN 978-3-945424-73-5

Printed in the EU